안철수와 로스 페로의 부상과 추락

포퓰리즘의 정치학

안철수와 로스 페로의 부상과 추락

포퓰리즘의 정치학

조기숙 지음

인간사랑

CONTENTS

이 땅의 사랑하는 아들딸에게 이 책을 바친다.

추천사

훌륭한 시민이 훌륭한 국가를 만듭니다

지난해 어떤 신문의 기사 때문에 불편한 일을 겪었습니다. 출판 관련 일을 하는 분들한테 누가 추천사를 쓰면 책 판매에 도움이 되는지 물어보았더니 인문·교양서 분야에서는 제가 영향력이 제일 세다고 했다는 겁니다. 추천사를 써 달라고 청하는 전자우편이 확 늘어나서 웬일인가 싶었는데, 바로 그 기사 때문이었나 봅니다.

남들한테 책을 추천하는 것은 만만한 일이 아닙니다. 제게 훌륭한 책을 고르는 안목이 있다는 보장이 없습니다. 설사 그런 안목이 있다고 해도 사람의 취향은 다 다르기 때문에 그 책을 읽고 나서 마음에 들지 않는다고 비판할 분이 많을 겁니다. 원고료를 받고 남의 책을 추천한다는 것 자체가 마음에 걸리기도 합니다. 이런 이유 때문에 저는 책 추천사를 쓰지 않기로 원칙을 세웠습니다. 그렇지만 예외 없는 원칙은 없는 법이지요. 저자가 예전에 크게 신세를 졌던 분이라서 거절하면 인간으로서 도리를 저버린다는 죄책감이 들 때, 상업적 목적 없이 공익 증진을 위해 발간하는 책일 때는 예외입니다. 물론 이런 경우에도 일독을 권할만한 책이어야 하며 원고료는 받지 않습니다. 이 책도 그런 예외에 속합니다.

사마천은『사기』에서 '백성의 마음을 따라 다스리는 것'이 최선의 정치라고 했습니다. 2천 년 가까운 세월이 흘렀지만 반박할 수 없는 진리라고 생각합니다. 그렇지만 이 진리를 실천하려고 하면 다툼을 피하지 못합니다. 무엇보다도 '백성의 마음'이라는 게 시대와 상황에 따라 변합니다. 그래서 어느 시점에서 '백성의 마음'을 파악하는 게 쉽지 않습니다. 게다가 '백성의 마음'이 늘 선하고 올바른 쪽에 가 있다는 보장도 없습니다. 다들 아시는 것처럼, 인간의 마음은 뇌가 작동해서 생기는 것이고 우리 뇌에는 고등 영장류만이 아니라 포유류, 조류, 파충류까지 동거하고 있기 때문입니다. '백성의 마음'은 지혜로우면서 어리석고, 선하면서도 사악합니다. 민주주의 사회의 유권자들은 선하고 현명한 판단을 하기도 하지만 악하고 어리석은 선택을 하기도 합니다. 플라톤이 아무 이유도 없이 민주주의를 배척하고 철인정치를 옹호한 것은 아니었습니다.

대한민국은 민주주의 정치체제를 가진 공화국입니다. 나라마다 제도는 조금씩 다르지만 민주주의 정치체제의 본질은 같습니다. 주권재민 또는 인민주권의 원리에 따라 권력자를 대중이 선출하고, 권력을 여러 곳으로 분산하여 서로 견제하게 하며, 선출된 권력의 한계와 임기를 정해두는 것입니다. 선을 최대한 실현하기 위해서가 아니라 악을 최소화하기 위해서입니다. 민주주의 정치체제가 악을 최소화하고 최대의 선을 실현하려면 현명하고 유능하고 선한 사람을 권력자로 선출해야 합니다. 그러나 그 무엇도 그 누구도 그것을 보장하지는 못합니다. 대중이 어리석음에 빠지거나 사악한 충동에 휘둘리면 민주주의는 중우정치로 전락합니다. 심지어는 민주주의 그 자체를 폐기하는 결과를 초래하기도 하지요. 아리스토텔레스가 말한 것처럼, 훌륭한 국가는 우연한 행운의 산물이 아니라 지혜와 윤리적 결단의 산물입니다. 시민이 훌륭하고, 훌륭한 시민이 정치에 참여해야 훌륭한 민주주의국가를 만들 수 있습니다.

저는 추상적 이론탐구에만 머무르지 않고 한국의 현실정치를 있는 그대로 들여다보려는 조기숙 교수의 학문적 노력을 존경합니다. 그는 실제로 정치에 참여해 보기도 했던 정치학자입니다. 포퓰리즘을 연구한 이 책은 시대를 함께 살아가는 시민들이 지혜와 윤리적 판단력을 기르는 데 도움이 될 것이라고 봅니다. 대중의 감정과 충동을 부추기고 거기 편승해 권력을 장악하려고 하는 포퓰리스트를 알아보는 지혜, 인간의 선한 본성과 윤리적 본능에 의거해 국가의 정의를 실현하려고 하는 민주적 리더십을 찾아내어 힘을 실어주는 결단력을 함양하는 데 참고가 될 수 있다는 것입니다. 사람이 서로 존중하고 배려하며 살아가는 사회를 바라는 시민들에게 일독을 권합니다.

유시민(작가)

사랑하는 아들딸에게

대선이 끝나고 얼마 지나지 않았을 때, 큰 아들이 불쑥 내게 말했다.

"내 친구나 선후배들이 엄마 때문에 이번 대선 패했다고 해요. 왜 그러셨어요?"

"……"

"안철수로 단일화 했으면 이겼을 텐데, 엄마가 안철수를 공격해서 후보가 되지 못했잖아요?"

아들은 친구와 선후배를 빌어 자신이 하고 싶은 말을 하는 것 같았다.

"사람들이 그렇게 생각이 없다고 생각하니? 내가 뭘 그렇게 위대한 사람이라고 내 공격에 후보를 사퇴할 만큼 안철수 지지도가 떨어지겠니? 안철수가 국민에게 실망을 안겨주니까 지지도가 떨어진 거고, 지지도가 떨어지니까 후보를 사퇴할 수밖에 없었던 거지."

"설문 문항이 아무리 불리해도 문재인은 무조건 안철수의 제안을 받았어야 해요. 노무현이 했던 것처럼요. 그랬다면 당연히 문재인은 단일후보가 되었을 것이고 대선을 이겼을 텐데, 설문조사 가지고 줄다리기를 하다가 단일화에 실패한 거잖아요. 안철수가 사퇴하고 기꺼이 도와주질 않으니 패할 수밖에 없지요"

"노무현 때와는 상황이 달라. 그 때에는 독립적인 기관 두 곳에 여론조사를 의뢰했지만 이번엔 안철수가 지정하는 한 곳에만 여론조사를 의뢰하고 설문도 문재인에게 불공평했기 때문에 문재인이 안철수가 요구하는 문항을 받으면 무조건 안철수가 후보가 되는 상황이었어"

"만일 안철수가 후보가 됐다면 더 쉽게 이겼을 것 아니에요?"

"네가 선거를 잘 몰라서 그렇지 안철수는 절대로 대통령이 될 수 없어. 조금만 두고 봐. 엄마 말이 틀리지 않을 거야. 그의 거품은 곧 꺼지게 되어 있어. 그리고 그가 대선에 나왔으면 보수언론이 그를 가만 두지 않았을 거야. 오랫동안 공직에서 검증을 받은 문재인과 달리 사업을 한 사람은 조금만 털어도 치부가 드러나게 돼있어. 심지어 흑색선전이라 해도 선거 때에는 손 쓸 시간이 없기 때문에 그냥 당하고 말 거야. 그래서 오랫동안 정당에서 검증되지 않은 정치 신인의 도전은 성공하기 어려운 거야. 무엇보다 큰 문제는 안철수가 대선에서 패하면 야당은 더 이상 일어설 기반도 없이 뿌리까지 파헤쳐진 상태가 될 거야. 2007년 열린우리당을 깨고 나서 정동영이 패한 후 2008년 총선에서 대통합민주신당이 얼마나 대패했는지 봤잖아. 그 때보다 더 심하게 됐을 거야."

"안철수가 대선에서 이기면 되죠."

"안철수가 대선에 이겼다면 민주당에서 친노를 몰아내고 친이계와 호남 기득권과 손잡고 또 하나의 보수 신당을 만들었겠지. 보수당은 새누리당 하나만으로도 족한데 야당마저 보수당으로 만들어 정권을 잡는다면 복수의 정당이 존재할 이유가 있을까?"

아들은 더 이상 말을 잇지 않았지만 여전히 분함을 견디지 못하겠다는 표정이었다. 그 후 안철수가 부산이 아닌 노회찬이 삼성 X파일 공개로 의원직을 잃은 지역구에 무소속 후보로 보궐선거에 출마한다는 소식을 듣고 아들은 약간의 실망감을 내비쳤다.

"땅 짚고 헤엄치는 게 안철수가 지금까지 일관되게 보여준 정치행태야"

아들은 여전히 안철수를 응원하며 그가 정치를 잘 해주기만을 바랐다. 그의 친구들도 그랬을 것이다. 어느 순간 큰 아들은 더 이상 안철수에 대한 이야기를 하지 않았다. 그러다 안철수가 더민주를 탈당해 신당을 만든다고 했을 때 아들이 불쑥 한 마디 던졌다.

"안철수 아직도 정계 은퇴 안했어요?"

"이제 안철수에 대한 기대는 모두 접은 거야?"

"안철수는 왜 무엇을 위해 아직도 정치를 하는지 모르겠어요."

아들의 친구들도 모두 안철수에게 등을 돌린 눈치였다.

안철수 현상에 대해 학문적 연구를 시작한 건 안철수가 대선출마를 시작하기 직전인 2012년 9월 초였다. 안철수 후보를 지지하는 한 모임에서 세미나를 개최하는데 나를 발제자로 초청했다. 원래는 최장집 교수를 초청했는데 최 교수가 안철수는 포퓰리스트라며 단칼에 거절해 성사가 되지 못했다며 내게 안철수를 어떻게 생각하느냐고 물었다.

"안철수 현상이 새로운 정치에 대한 국민의 기대를 반영하는 건 맞습니다. 하지만 안철수는 이번 대선에 후보로 나와서 성공하기는 어렵습니다. 정치를 너무 모르기 때문입니다. 자신의 자산을 잘 관리하면 다음 대선 정도에 안철수가 대통령이 되어 국가를 위해 기여할 수도 있을 겁니다. 그러기 위해선 헌신과 학습이 필요합니다."

주최 측에서는 정치학자 중에 공개적으로 안철수의 정치 참여를 긍정적으로 평가할 사람이 많지 않으니 나에게 와서 좋은 이야기를 해달라고 부탁했다. 나는 안철수 지지자의 특징과 이로 인한 한계점을 분명하게 전달하면서도 안철수가 성공하기 위해서 택해야 할 전략에 대해 조언했다. 그에 대한 기대를 쉽게 접기에는 그가 훌륭한 인재라고 생각했기 때문이다.

특히나 안철수가 새누리당의 재집권을 막고 이명박을 심판하기 위해 대선에 출마한다고 했을 때 나도 그의 정치 참여를 매우 기쁘게 생각한 사람 중의 하나였다. 진보진영이 국민들의 외면을 받는 건 그들이 특별히 부도덕하거나 무능하기 때문이 아니라 성공신화가 없기 때문이라고 생각했다. 어렵고 힘든 사람일수록 번듯하게 성공한 사람들과 자신들을 동일시하는 경향이 있다. 운동권 인사들은 국민의 자유와 정의를 위해 젊음을 바쳤고 그 결과 내놓을만한 신화는 없지만 이 땅의 힘없는 사람을 위해 자신을 희생해온 것이었다. 하지만 정작 그들이 대변하고자 하는 어려운 사람들일수록 운동권 출신보다는 자신들을 강하게 이끌어줄 권위적인 리더를 지지하는 경향이 있다. 안철수가 진보진영의 지도자가 된다면 힘없고 어려운 사람들도 진보진영을 지지할 수 있게 될 것이란 기대에 안철수의 정치 참여를 반겼던 것이 사실이다.

나는 양당이 미국이나 영국처럼 번갈아 집권하는 걸 민주주의라고 생각한다. 하지만 우리의 정당구도는 엄밀히 말해 양당제가 아니다. 정당제도가 안정화되기 시작한 1961년부터만 계산하더라도 10년을 55로 나누면 야당이 집권한 기간은 정확히 말해서 18% 정도밖에 되지 않는다. 높게 잡아도 정당제도가 정착된 이후로 야당은 20% 정도밖에 집권하지 못한 셈이다. 양당제란 미국이나 영국처럼 양당 중 하나가 집권할 확률이 절반 정도 될 때 사용하기에 적절한 용어이다. 우리나라는 기껏해야 1.2정당제라고 하는 게 정확하다. 양당의 기득권을 깨겠다는 안철수의 주장은 우리나라에서는 전혀 타당성이 없는 허황된 구호나 다름없다. 나는 안철수가 진보진영 정당에 도움이 되기를 바랐다.

이 세미나 때 발표하기 위해 안철수 지지자들은 문재인,

박근혜 지지자와 어떻게 다른지 분석해보았다. 마침 민주당에서 서울대 한상진연구소에 의뢰해 총선 전후로 실시한 전국 여론조사 자료를 얻을 수 있었기에 이를 사용했다. 안철수 지지자는 문재인 지지자에 비해 투표율도 낮고 정치에 대한 관심도 낮으며 정치 변화에 대한 확신도 적었다. 그런데 어떻게 저렇게 인기가 폭발할 수 있었던 것일까? 이 책에 담은 연구는 한 정치인에 대한 폭발적인 인기, 즉 안철수 현상을 가져온 동인에 대한 궁금증에서 시작되었다.

많은 이들이 안철수 현상은 현 정치와 양당에 실망한 유권자들의 새로운 정치에 대한 갈망이 표현된 것이라고 주장했다. 그런 면이 아주 없는 것은 아니었지만 나는 설문조사 자료를 분석한 후에 안철수 후보에 대한 환호는 단지 그가 박근혜 후보를 이길 것이라는 허황된 기대에서 비롯되었음을 알게 되었다.

안철수나 안철수 캠프의 주장처럼 양당에 실망한 지지자들이 안철수를 지지할 것이라는 예상은 보기 좋게 빗나갔다. 안철수는 전통적인 민주당 지지자와 호남 지역으로부터 매우 높은 지지를 받았다. 이 두 집단에서 안철수는 문재인을 압도했다. 안철수는 어떤 정당도 지지하지 않는 무당파 성향의 유권자로부터 더 많은 지지를 받을 것이라는 예상도 틀렸다. 안철수는 무당파로부터 문재인보다 미약하게 좀 더 많은 지지를 받았다.

이러한 결과에 기초해 안철수의 인기는 거품이고 곧 꺼질 것이라고 주장을 하게 되었다. 따라서 원칙 없는 단일화는 선거패배를 가져올 것이라고 경고했다. 안철수의 발언을 통해 정치에 대한 그의 이해가 너무 부족하다는 점을 깨닫고는 만일 두 후보가 선거연대에 성공한다 해도 2012년 대선에서 야권단일후보가 성공할 가능성이 희박하다는 칼럼을 선거 두 달 전인 2012년 10월에 오마이뉴스에 기고하게 되었다.

이 때문에 큰 아들과 그 친구들이 나를 안철수 후보 단일화를 막은 주 원인으로 지목했던 것 같다. 그들뿐만 아니라 많은 안철수 지지자들이 내 트위터에 달려와 욕설을 퍼붓고 악담을 했다. 나 때문에 선거에 패했다는 것이 그들의 주장이다. 내가 그런 영향력이 있다면 참으로 감사한 일이지만 그런 결과를 가져온 건 내가 아니라 우리나라의 현명한 유권자들이다. 난 단지 남들이 미리 보지 못했던 현상을 자료를 통해 발견하고 유권자의 흐름에 대해 정확한 예측을 했을 뿐이다.

이 책을 쓰게 된 가장 큰 이유는 우리 아들과 같은 젊은 이들이 정치에 좀 더 관심을 갖기를 바라는 소망에서다. 젊은이들에게 안철수의 성공신화는 희망과 용기를 주었을 것이다. 재벌의 특권에 대해 삼성동물원, LG동물원에 빗대 비판하는 모습에 청년들이 열광하는 것도 충분히 이해가 된다. 안철수는 청년들이 가장 닮고 싶은 멘토 1위를 차지했고 청춘콘서트를 통해 소통의 아이콘으로 등극했다. 그런 청년들의 멘토가 정치를 하겠다고 하니 우리 아들과 그 친구들이 안철수가 대통령이 되면 세상이 달라질 것이라고 생각하며 열광하는 것도 이해할 만하다. 한 가지 안타까운 점은 그들이 석박사 과정에 있으니 학문적 수준은 높을지 몰라도 정치에 대한 이해는 매우 피상적이고 일천하다는 점이다. 그 정치에 대한 이해 부족이 안철수에 열광하게 만든 가장 중요한 원인 중 하나라고 생각한다.

우리나라는 고등학교에서나 대학에서 한국 정치론을 필수로 가르치지 않는다. 어느 나라든 선진국에서는 초중고대학 정규 교육과정에서 민주시민교육, 그 나라 정부론을 필수로 가르친다. 왜? 생물학자 최재천 교수의 주장처럼 아는 만큼 사랑하기 때문이다. 민주정치의 주인은 시민이다. 하지만 민주주의는 깨어있는 시민(enlightened citizen)의 존재를 가정한다. 정치는 깨어있는 시민의 권리이자 의무이다. 권리와 의무를 행사하기 위해서는 알아야 한다. 정부가 돌아가는 작동원리를 모르는 사람이 정치에 동원되는 걸 중우정치라고 한다. 민주시민교육을 제대로 받지 않은 국민은 중우정치에 동원될 가능성이 매우 높다.

그런데 우리나라는 오랜 독재정권의 영향으로 정치를 멸시하고 저주하고 외면하는 문화가 광범위하게 퍼져있다. 정치는 군인이 할 테니 국민은 정치에 신경 쓰지 말고 일이나 열심히 해서 경제발전이나 이루자는 게 군사정권의 이념이었다. 민주주의의 가장 큰 적은 국민이 정치를 외면하는 것이다. 정치를 외면하고 관심을 갖지 않는 사람을 정치 냉소주의자라고 부른다. 그동안 정치 불신자와 정치 냉소주의자를 같은 의미로 사용해왔지만 최근 이 두 개념을 분리해야 한다는 주장을 한 외국의 학자가 세 명 정도 된다. 경험적으로 어떻게 다른지 시도한 사람은 전 세계에 단 한 명도 없다. 이 책은 이 둘이 개념적으로뿐만 아니라 경험적으로도 구분된다는 것을 보여주는 최초의 시도이다.

이 둘은 서로 다른 개념이므로 구분하는 게 매우 중요하다. 정치 불신자는 정치를 불신하면서도 관심을 놓지 않는다. 외면하지 않고 정부를 감시하고 나쁜 정치인을 떨어뜨리려 노력하고 여전히 정치에 참여한다. 반면 정치 냉소주의자는 정치를 외면하는 것을 자랑스럽게 생각하고 정치 이야기를 하면 촌스럽다고 핀잔을 주기도 한다. 정치인이라면 여든 야든 싸잡아 비난하며 마음을 열지 않는다. "정치를 외면하지 마십시오. 벽에 대고 욕이라도 하십시오"라고 했던 김대중 대통령의 말씀은 정치 냉소주의자가 되지 말라는 말이다. 정치 냉소주의자는 정치에 관심도 없고 투표도 잘 하지 않으며 정치의 변화에 대해서도 둔감하다.

정치 냉소주의자들이 위험한 이유는 선동꾼, 민주주의를 위협하는 포퓰리스트에게 이끌릴 가능성이 많기 때문이다. 특히 비정치 영역에서 성공한 신화를 가지고 화려하게 정치인으로 등장하는 포퓰리스트에게 동원될 가능성이 높다. 포퓰리스트는 대의민주주의의 한계를 비판하면서 정치인들이 국민을 편가르기 한다고 공격한다. 포퓰리스트는 국민은 하나의 뜻을 지니고 있는데 기득권 정치 엘리트들이 국민을 분열시키고 갈등을 만들었다며 자신이 국민의 의지를 하나로 모아 대변하겠다고 주장한다. 포퓰리스트는 한 마디로 반정당주의자, 반정치주의자라고 할 수 있다. 정치 냉소주의자는 정치를 잘 모르기 때문에 포퓰리스트의 말에 깊이 공감하여 그가 자신들을 가장 잘 대변할 수 있다고 믿고 지지할 가능성이 높다.

민주주의는 국민이 서로 생각이 다르기 때문에 하나가 될 수 없다고 가정한다. 따라서 비슷한 생각을 하는 사람들이 정당을 만들어 서로 경쟁해서 권력을 주고받는 것을 자연스럽게 생각한다. 포퓰리즘과 민주주의는 양립이 불가능하다. 포퓰리스트 리더가 집권하게 되면 의회를 무력화시키고 주민의 직접 동의를 받는 주민투표 등을 활용해 대의민주주의를 위기에 빠뜨린다. 그런데 이것이 직접 민주주의를 활성화하는 게 아니라 독재적인 리더십을 강화시킨다. 왜냐하면 포퓰리스트 리더는 자신만이 동질적인 국민의 의지가 무엇인지 이해한다고 생각하기 때문이다.

그렇게 해서 집권했던 남미 포퓰리스트들은 국가 재정을 파탄으로 몰았고 이태리의 베를루니코스는 온갖 추문을 남기고 유럽 다른 나라의 압력 속에 퇴진해야 했다. 지난 대선에서 안철수의 인기가 사그라들고 앞으로도 그가 대통령이 되는 일은 거의 없을 거라고 생각했던 이유는 안철수가 포퓰리스트적 요소를 많이 지니고 있다고 생각했기 때문이다. 무엇보다도 우리 국민이 민주정부 10년을 거치면서 많은 학습이 되었고 상당수의 깨어있는 시민이 임계집단(critical mass)을 형성하고 있기 때문에 결코 안철수에게 미혹되지 않을 거라는 믿음이 있었다.

나는 늘 집단으로서의 한국 유권자는 합리적이라고 생각해왔기 때문에 안철수 현상도 결국 거품으로 끝날 것이라는 확신이 있었다. 특히 안철수가 정치 냉소주의자를 동원했을 거라는 의심을 하게 된 직접적인 계기는 트위터에서 안철수를 지지하며 나에게 욕설을 하던 사람들이 대부분 한글 맞춤법을 제대로 구사하지 못할 만큼 정치에 대한 이해가 매우 부족한 데에서 비롯되었다.

유시민 전 장관이 자신이 출연하는 팟캐스트 〈노유진〉에서 나의 책 내용과 비슷한 주장을 하기에 안철수가 정치 냉소주의자를 동원했다는 내가 쓴 논문을 보내주었다. 유 전 장관도 나와 똑같이 안철수 지지자들의 인터넷 댓글을 보면서 그런 의심을 하게 되었다고 말해주었다.

스포츠 경기에 이기려면 선수도 우수해야 하지만 감독이 전략을 잘 짜야한다. 승리하기 위한 좋은 전략은 수많은 시행착오와 연구 끝에 얻어진다. 한 사람의 연구가 아니라 집단적인 연구가 축적된 뒤에야 가능하다. 정치도 마찬가지이다. 좋은 정치, 선진국 정치는 깨어있는 시민뿐만 아니라 오랜 시행착오와 연구 끝에 좋은 전략을 얻고 그에 대한 국민적 동의가 있어야 가능하다. 정치를 모르는 문외한이니 정치에서 잘못한 부채가 없기 때문에 정치를 잘 할 것이라는 기대는 훌륭한 야구선수가 축구 감독을 하면 축구팀을 더 잘 개혁해서 좋은 성적을 얻을 것이라는 기대와 다르지 않다.

정치의 발전은 결코 한 사람에 의해 이루어지지 않는다. 만일 사람에 의해 정치적 변화가 초래되었다면 그때뿐인 발전이자 변화일 뿐이다. 그 사람이 정치를 그만두게 되면 언젠가는 모든 게 다 되돌아간다. 많은 학자들이 제도화와 정치발전을 동일시하는 이유가 바로 여기에 있다. 물론 대통령 한 명이 달라지면 어느 나라나 정치가 심하게 후퇴하기도 하고 전진하기도 하기에 리더가 중요하지 않다는 말이 아니다. 리더와 제도는 늘 상호작용하며 지속가능성은 역시 제도에서 비롯된다.

포퓰리스트의 가장 큰 문제는 바로 이렇게 중요한 제도를 우회하고자 하는 데에서 비롯된다. 예를 들어, 안철수는 후보 시절 국회의원 수를 줄이고 정당의 국고보조금을 줄이자고 주장해서 여론의 압도적 지지(70-80%)를 받았다. 하지만 정당의 국고보조금은 우리나라처럼 기울어진 운동장에서 경기를 해야 하는 야당에게 균등한 기회를 제공해주는 최소한의 장치이다. 이런 공약은 안철수가 정치에 대한 기초적인 이해도 없는 사람임을 증명한다. 이런 공약에 열광하는 국민 또한 민주시민교육을 받지 못한 결과 반정치적인 것에 이끌리기 때문이라고 할 수 있다. 그런데 흥미로운 점은 안철수의 지지도가 폭락하기 시작한 건 이런 공약이 나온 직후였다. 다행스럽게도 민주사회의 여론을 주도하는 건 중우정치에 동원되는 다수의 국민이 아니라 깨어있는 20-30%의 시민임을 알 수 있다.

안철수가 2016년 3월 현재 신당을 만들어 다른 당의 현역 의원을 빼오는 이유는 바로 국고보조금을 받기 위해서이다. 자신이 축소하자고 주장했던 공약이 무색하게 국고보조금에 의존하는 정치를 하게 될 줄은 몰랐다는 말이다. 자신이 그렇게 비난했던 낡은 정치의 전형이 의원 빼오기 아니겠는가. 자신의 한 치 앞도 모르는 사람이 어떻게 한 국가를 이끄는 지도자가 되겠는가. 이는 안철수의 정치 분야의 전문성 부족을 단적으로 보여주는 예이다. 안철수가 2012년 대선에 양보하고 총선을 거쳐 원내에 들어가 정치를 착실히 배운다면 다음번엔 가능성이 있다고 충고한 이유도 바로 이 때문이다. 정치도 의학이나 스포츠처럼 전문가가 필요한 분야이다. 아니 그 많은 사람이 모여서 하는 게 정치이니 더 깊고 넓은 전문성이 필요하다. 누구나 정치가가 될 수 있다고 생각할 게 아니라 차근차근 배우고 익혀야 한다. 정치가 그렇게 쉬운 것이라면 왜 우리 정치가 이 모양 이 꼴이겠는가.

이 책의 결론부터 말하면 많은 이들이 세계 유례가 없는 기이한 현상이라는 안철수 현상은 다른 나라에서도 종종 목격되는 포퓰리즘 현상이라는 것이다. 정당의 쇠퇴, 유권자의 기존 정당에 대한 실망, 언론과 매스컴의 역할 증대, 세계화와 무한 경쟁, 그것이 가져온 삶의 피폐함과 열패감 등이 포퓰리즘의 등장을 가져오는 원인이다. 나라마다 포퓰리즘을 가져오는 원인에서는 공통점을 찾을 수 있지만 그 양상은 국가와 사람에 따라 조금씩 다르게 나타난다. 특히 포퓰리즘은 시대와 사회에 따라 조금씩 다르기 때문에 안철수의 포퓰리즘은 미국의 로스 페로와 이태리의 베를루니코스처럼 중도 포퓰리즘과 유사성을 보이는 반면, 남미의 좌파 포퓰리즘이나 요즘 서유럽/북유럽에서 나타나는 극우 포퓰리즘과는 다른 면도 많다. 그러나 모든 포퓰리즘에는 공통점도 발견되기 때문에 안철수가 포퓰리스트라는 증거는 어렵지 않게 찾을 수 있다.

안철수가 만일 민주당의 경선에 참여하는 도전정신을 발휘했다면 문재인을 꺾고 대선후보가 될 수도 있었을 것이다. 만일 그랬다면 그는 대통령이 되었을 수도 있다. 그가 그렇게 하지 않은 게 얼마나 다행인지. 그는 후보단일화 협상에서 자신에게 일방적으로 유리한 규칙을 제안함으로써 상식을 초월하는 행동을 하곤 했다. 사람을 언론을 통해서만 보면서 판단하는 게 얼마나 어리석은

지 깨달았다. 그의 저서 『CEO 안철수 영혼이 있는 승부』, 『CEO 안철수, 지금 우리에게 필요한 것은』 등을 읽으며 얼마나 그에게 감동하고 찬사를 아끼지 않았던가. 요즘 수많은 포퓰리스트의 등장을 가져오는 가장 큰 요인은 매스컴의 발달이다. 포퓰리스트의 공통점은 매스컴의 활용을 기가 막히게 잘 한다는 점이다.

매스컴에서 본 안철수와 정치인 안철수의 괴리를 목격하면서 안철수 현상의 정체는 무엇인지, 이는 앞으로 어떻게 진화될 것인지 이론적으로 검토하고 그에 대한 지지의 본질을 이해하려는 노력을 시작했다. 그 결과를 학회에 발표하고 학회지에 게재하면서 몇 편의 연구를 계속하게 되었다. 일부의 논문은 이미 발표되기도 했고 앞으로 발표 예정인 것도 있다. 그 연구결과를 모아 일반인들도 쉽게 읽고 나름대로의 생각을 정리한다면 우리 아들과 같은 이 땅의 귀한 아들딸들이 읽음으로써 다음부터는 포퓰리스트에 휘둘리지 않는 민주 시민이 되기를 바라는 마음에 책으로 내게 되었다.

요즘의 젊은이들이 부러울 만큼 세상이 좋아지기도 했다. 하지만 요즘에 태어나지 않은 걸 다행이라고 할 만큼 이 시대의 젊은이들이 안쓰럽고 그들에게 미안한 마음이 든다. 다람쥐 쳇바퀴 돌 듯 학점, 외국어공부, 인턴, 자격시험 등의 스펙에 목숨 걸어도 금수저를 물고 태어나지 않는 한 기회는 너무나 제한되어 있다. 미국이나 일본처럼 안정된 사회보다 우리나라의 계층상승률이 더 낮다고 한다. 공정과 정의는 사라지고 치열한 경쟁과 아비규환만이 남았다.

우리 식구들은 모닥불 피우는 걸 참 좋아한다. 나무를 모아놓으면 활활 잘 타오르던 모닥불도 나무토막을 각각 떼어놓으면 언제 그랬냐는 듯이 사르르 꺼져버린다. 사람 사는 일도 그런 것 같다. 서로 손 잡고 소통하고 힘을 모으면 세상을 쉽게 바꾸지만, 각자 자신의 세계에 빠져 열심히 살면 죽을 만큼 열심히 노력해도 세상은 변하지 않는다. 젊은이들이 각자 열심히 사는 것도 중요하지만 정치에 대해 많이 학습하고 이해해서 함께 손잡고 세상을 바꾸는 방법에 대해서도 고민하고 토론하면 좋겠다. 내 아들이 소중한 것만큼 이 땅의 아들딸이 모두 소중하기 때문이다. 이 책의 인세는 전액 젊은이들에게 이 책을 선물하는데 사용될 것이다. 책이 필요한 청년, 청년들에게 선물하고 싶은 사람은 필자의 트위터(@leastory)로 연락하면 인세가 허락하는 한 보내줄 생각이다.

감사의 글

이 책이 나오기까지 많은 이들의 도움을 받았다. 무엇보다 유시민 전 장관이 방송과 팟캐스트에서 필자가 쓴 논문 내용을 인용하고 공감을 표해준 덕분에 많은 이들이 관심을 가져주었고 필자가 논문을 재구성해서 책을 내야겠다고 결심하는 결정적인 계기가 되었다. 그동안 책 추천사를 고사해오다 이 책은 추천사를 써도 될 것 같다며 흔쾌히 옥고를 보내준 유 전 장관께 특별한 감사의 인사를 드린다. 개인적으로 만나면 직설적 비판을 서슴지 않는 필자가 불편하고 껄끄러웠을 텐데도 늘 큰 아량으로 따뜻하게 대하는 유 전 장관의 모습에서 대인의 면모를 읽는다.

논문을 책으로 재편집하고 보완하는 과정에서 필자의 논문이 미처 담지 못한 최근 서유럽과 북유럽의 포퓰리스트 정당과 그 지도자들에 대한 호기심이 생겼다. 겨울 방학 내내 함께 공공외

교에 대한 책을 쓰기 위해 세미나를 함께 하던 조교들에게 도움을 청했다. 흔쾌히 2주 만에 자료를 찾아서 작업을 도와준 조교들에게 진심으로 감사의 인사를 전한다. 이 책의 포퓰리스트 사례연구는 조교들의 작업에 의해 가능했다. 하지만 만일 오류가 있다면 그건 전적으로 필자의 몫이다.

나는 늘 사람 복이 많다고 생각할 만큼 주위에 좋은 사람이 많다. 좋은 제자를 키우는 것보다 더 복된 일은 없다고 생각한다. 우리 조교들은 〈냉장고와 코끼리〉라는 카페를 만들어 졸업 후에도 선후배가 만나 친목을 다져왔는데 그들을 만날 때는 물론이고 생각만 해도 가슴이 설레고 고맙고 미안하다. 카페 이름의 유래는 "교수가 냉장고에 코끼리를 넣는 법은 무엇일까?"라는 퀴즈의 답이 "조교를 시킨다"라는 데에서 유래했다.

사실 나는 조교에게 많은 일을 시킬 겨를도 없이 그들이 너무나 많은 것을 내게 해주었다. 이 책을 쓰는 데 있어서도 조교의 도움이 절대적으로 큰 도움이 되었다. 책임감이 높아 나보다 한 발짝 앞서 내가 필요로 하는 것을 생각해서 처리하는 박사후보생 김화정, 하나를 가르치면 열을 알아서 척척해내는 초스피드 학습꾼 윤보라 박사과정생, 석사 1학기생이지만 못하는 게 없는 팔방미인 박지영, 아직 석사과정 입학도 하기 전에 세미나에 합류해 선배 못지않은 열정과 능력을 보여준 김재연에게 감사의 인사를 전한다. 필자가 배출한 1호 박사이자 수많은 논문을 같이 쓴 공저자 박혜윤 교수가 통계분석을 도와주지 않았다면 필자의 안철수 현상 관련 논문은 존재하지도 이 책이 나오지도 못했을 것이다. 늘 감사한 마음을 이 자리를 빌려 표현하고 싶다. 안철수 현상에 관한 네 편의 논문을 작성하기 위한 수많은 문헌을 찾아주고 정리해줬지만 석사학위 졸업을 앞두고 올 겨울 세미나에는 빠지게 된 김성경에게도 고마움을 전한다.

2015년에는 여러 편의 논문을 출간하느라 일 년 내 혹사를 했는데 이번 겨울방학에도 집에만 박혀서 두 편의 논문을 더 썼고 이 책을 포함해 두 권의 책 원고를 마무리해서 출판사에 보내야 했다. 그 과정에서 혈압이 오르고 위염이 생겨 고생하는 나를 위해 매일 지압하랴 집안일하랴 뒷바라지하느라 고생한 남편에게 깊이 감사한다.

앞에서도 밝혔듯이 내가 이 주제에 매달려 논문과 책을 내도록 몰아붙인 일등공신은 큰 아들이었다. 늘 엄마의 생각에 도전하고 반항하는 아들을 설득하기 위해 안철수에 대해 연구했고 책까지 내게 되었다. 뿐만 아니라 겨울 방학 내 함께 먹고 산책하고 공부해준 아들 덕분에 힘든 줄도 모르고 생산적인 시간을 보낼 수 있었다.

이 책을 제안하자마자 출간을 결심해주신 인간사랑의 여국동 대표와 급히 책 출간을 서둘러주신 권재우 편집장께 깊은 감사의 인사를 드린다.

벌써 봄기운이 느껴진다. 겨우내 컴퓨터와의 씨름을 끝내고 봄바람을 맞으러 나가봐야겠다. 만물이 소생하는 데에는 우주의 섭리가 작용하듯, 이 책 또한 많은 이들의 도움 끝에 탄생하게 되었다. 이곳에 미처 감사의 뜻을 표하지 못한 모든 분들께 감사드린다.

특히 안철수 의원께도 감사드린다. 안철수라는 기존 문법에 맞지 않는 정치인이 내가 이 책을 쓰도록 만들었기에 감사드리고, 이 책을 통해 안철수 의원이 포퓰리스트적인 면모를 버리고 새로운 정치학습을 할 수 있게 된다면 더 이상 바랄 것이 없겠다.

프롤로그

안철수 현상을 어떻게 이해할 것인가?

2011년 후반 서울시장 재보궐 선거를 계기로 이전 4년간 흔들리지 않았던 박근혜 대세론이 흔들리기 시작한 건 성공한 벤처기업가의 신화를 가진 안철수 교수의 등장 때문이었다. 안 교수가 2012년 서울시장 보궐선거에서 박원순 현 서울시장에게 후보직을 양보하면서 일약 대권주자로 떠올랐다. 한 여론조사에서는 박근혜 후보의 대세론을 흔드는 유일한 야권 후보로 등장하기도 했다.

2012년 대선은 안철수 현상이 휩쓸었다고 해도 과언이 아니다. 안철수에 대한 책만 30여권이 쏟아져 나왔다. 안철수는 과거 대선에 매번 나타났던 정주영, 이인제, 이회창, 문국현 등의 독자적인 제3후보와는 어떻게 다른가? 김용옥 선생은 "(안철수 현상은) 인류사에 유례가 없는 기현상 (…) 안철수라는 에너지를 키워 잘 활용하면 (진보진영이) 이길 것이고, 그렇지 못하면 진다."고 주장했다 (안은별 2012).

안철수 후보의 사퇴로 야권후보의 단일화가 마무리된 후에도 그는 화제의 중심에 있었고 다음 해 재보궐 선거에 당선되어 의회에 진출한 이후 안철수 현상은 진화했다. 안철수의 새정치연합이 민주통합당과 통합하여 새정치민주연합이라는 정당을 만들어내고 당 대표를 맡았을 때에만 해도 많은 이들은 안철수 현상이 현재진행형이라고 말했다.

안철수 현상이 등장한 지 4년이 지난 현재 안철수는 정치인으로서 국회에 입문하는 데에는 성공했지만 대선 주자로서의 그의 존재는 미미한 편이다. 영향력 있는 대통령 후보로서 생존할 가능성이 크다고 믿는 사람이 많지 않다는 사실은 최근 여론조사에서 기록하는 그의 한 자릿수 지지도가 말해준다(이현수 2014). 안철수 바람이 강하게 불던 당시를 되돌아볼 때 안철수 현상의 원인을 엄밀히 진단하고 향후 발전방향에 대해 정확한 예측을 했던 학자나 언론인이 있었는지 반추해보게 된다. 안철수 현상에 대한 이론적이거나 체계적인 연구, 외국사례와 비교를 통해 분석과 혜안을 담은 논평은 드물었고 학자나 평론가들도 대중과 함께 열광하는 인상비평에 머물렀다.

많은 학자들은 안철수가 이념적 지향이나 지지도의 견고성, 폭발력 등에서 과거 제3후보와 다르다는(김준석 2013) 데에 대체로 동의했다. 안철수 현상은 "'제도정치와 대중간의 괴리'가 크고 기성정치에 포괄되지 않는 정치적 요구와 이해가 큰 상태에서 대안적 정치를 희구하는 대중의 기대가 대안의 잠재력을 갖는 인물에 투사되는 현상"(조희연·이창언 2013, 104)이라는 데에도 이견이 없었다. 한 마디로 안철수 현상은 "정당정치의 위기에 대한 표현"이라고 바라보았다(김정훈 2012). 이러한 시각은 "안철수 후보가 출마하고 꾸준하게 지지를 받고 있는 것은 한국 정당 대표 체계의 실패를 반증한다. 오랫동안 정당을 지지해 오던 분들이 왜 당 밖의 안철수 후보를 지지하는지 돌아봐야 한다"(선대식 2012)는 안철수 캠프의 박선숙 선대위원장의 주장과 크게 다르지 않다. 즉 대의제 민주주의의 위기가 안철수 현상을 가져왔다는 것이 대다수의 시각이었다.

반면, 언론의 시각은 양분되어 있었다. 보수언론은 안철수를 포퓰리스트라고 단언했지만 진보언론은 새로운 문법의 정치가로 추켜세웠다. 그때를 돌이켜보면 진보학자와 언론은 안철수 현상이 양당에 대한 국민의 불만이 가져온 새로운 정치의 시작이라고 찬사하기에 바빴다.

최근 서구의 발전된 민주국가에서도 정치 경험이 전혀 없는 비정치인이 정치권으로 갑자기 진입하는 경우가 목격되곤 한다. 매스컴과 소통매체의 발달로 인해 정당의 기능이 약화되고 탈정당화현상이 가속화되기 때문일 것이다(Dalton and Weldon 2005). 유명한 비정치인이 정치권 밖에서 이룩한 성공신화를 바탕으로 제3후보로서 정치권에 갑작스럽게 진입하는 경우 상당한 대중적 인기를 얻을 수 있다. 기존 정치권에 실망한 국민이 새로운 인물에 환호하기 때문이다. 하지만 미국이나 우리나라처럼 양당제 국가에서의 제3후보는 대부분 실패로 끝났다. 정당의 벽을 넘을 수 없기 때문이다.

따라서 안철수의 실패는 예견하고 있었지만 그 인기의 동인이 궁금해졌다. 다른 나라에서도 이런 현상이 분명히 있을 것이고 그렇다면 비교연구를 통해 좀 더 보편적인 설명을 해야겠다고 생각하기에 이르렀다. 마침 안철수를 지지하는 모임에서 세미나 연사로 초청하는 기회에 자료를 직접 분석해보았다. 안철수가 정치 불신자가 아니라 민주당을 신뢰하는 유권자와 정치 냉소주의자에 의해 동원되었을 가능성이 있다는 증거를 발견했다.

안철수는 미국의 1992년 로스 페로 후보와 매우 닮았는데 둘을 비교한 필자의 논문은 포퓰리즘 이론이 안철수 현상에 대한 가장 강력한 설명이 된다는 점을 보여준다. 또한 안철수와 페로 현상을 공통으로 추동했던 한국과 미국의 유권자는 세간의 주장처럼 양당을 불신하는 유권자가 아니라 정치에 대한 이해와 관심이 낮으며 참여도 낮은 정치 냉소주의자임을 경험적으로 밝혀냈다. 이들을 동원하는 게 포퓰리스트이고 이것이 대의민주주의에 얼마나 나쁜 영향을 미치는지를 논의했다. 현재 안철수에 대해 필자가 쓴 논문은 학술지에 출간된 것 두 편을 포함해서 모두 네 편이다. 두 편은 학술지 게재가 거절되어 여기에 처음으로 공개한다. 독자의 공정한 평가를 기대한다. 같은 원고를 권위 있는 국제 학술지에 게재할 예정이므로 아직 게임은 끝나지 않았다고 생각한다.

필자의 주장이 전 세계를 통틀어 처음으로 하는 것도 있고 매우 새로운 것이기도 해서 그런지는 모르겠지만 심사위원들의 태도가 대체로 부정적이었다. 그런데 심사평을 읽어보면 건설적으로 논문을 수정하기 위한 제안은 없고 필자의 생각과 심사위원의 생각이 다르니 출간을 거부한다는 판정이 대부분이다. 가령, 내 논문은 기존정당에 대한 불신이 안철수와 페로 지지와는 무관하고 정치 냉소주의와 관련이 있다는 결과를 발견했는데 그래도 정치 불신과 관련이 없다는 게 말이 되냐며 단지 자신이 납득이 안 된다는 이유로 게재 불가를 판정했다. 심지어는 페로는 정주영과 더 닮았으니 페로와 정주영을 비교하라고 말하기도 한다. 정주영도 포퓰리스트의 면모가 있었던 건 사실이지만 3자 대결에서 1위를 한 적이 없다. 페로와 안철수는 애국 신화를 책으로 만들어 유명해졌으며 매스컴 활용을 잘하고 그로 인해 3자 대결에서 1위를 하다가 지지도가 추락한 공통점이 있다. 필자의 논문은 두 사람의 인기 원인을 연구한 것이니 페로와 정주영은 다른 면에서 비교될 수 있을지 몰라도 필자의 논문에서는 비교대상이 될 수가 없다. 페로는 대선에 출마했고 안철수는 사퇴했으므로 비교가 불가하다는 심사위원도 있었다. 필자의 논문은 페로와 안철수의 인기를 검토한 것이므로 출마와 불출마는 무관한데도 말이다.

이 책의 IV장과 V장은 두 개의 별도의 경험적 연구이고 내용도 다르다. 다변인 분석에서 서로 다른 정당 신뢰 변수를 썼기에 결과도 조금 다르다. 처음에 썼던 변수가 불완전해서 새로운 변수를 만들었으니 그 앞에서 했던 분석에 비해서 한 단계 발전한 것이고 또 다른 사례를 연구해서 앞의 연구를 확증하는 연구결과를 얻은 것도 새로운 발견이라고 할 수 있다. 그럼에도 어떤 심사위원은 두 논문이 같은 것이라며 새로울 게 없다고 게재불가를 판정했다.

경험적 증거도 없이 안철수가 민란을 대변했다거나 새로운 정치를 시도했으나 성공하지 못했다는 다분히 편향된 논문은 최고의 학회지에 실렸는데 이 책에 실린 필자의 논문 두 편은 거절되었다. 우선은 필자가 새로운 주장을 설득하는 데 실패한 것이라고 묵묵히 결과를 받아들인다. 많은 이들이 안철수 현상을 기존 정당과 정치에 대한 불신으로 해석했기 때문에 그것과 무관하고 정치 냉소주의에 의해 추동되었다는 필자의 주장을 받아들이기 힘들었을 것이라고 이해하려고도 한다. 하지만 논문을 수정해서 발전시키기 위한 심사위원의 제언이 거의 없는 심사평은 처음 받아본다. 그 만큼 이 책의 내용은 논쟁적이고 앞으로도 지속적인 논쟁을 낳을 것이라는 의미이다. 바로 그 점이 이 책이 학계에 새롭게 기여하는 부분이라고 이해해주면 좋겠다.

책의 내용은 부분적으로 논문의 내용을 인용하기도 일부를 삭제하고 그대로 편집해 사용하기도 했지만 I장과 VI장은 일반인도 이해할 수 있도록 쉽게 다시 썼다. III장과 IV장도 이 책을 위해 새롭게 쓴 것이다. 또한 2016년 총선 이후 떠오를 반기문 현상에 대한 시사점도 담았다. 이 책은 안철수 현상을 이해하기 위한 하나의 시도에 불과하다. 그러나 이러한 연구들이 축적되어 우리 정치가 또 다른 포퓰리스트에 미혹되지 않고 민주주의가 제대로 뿌리를 내리기를 기원하는 마음에 기출간된 부족한 논문 두 편과 새로운 원고를 책으로 엮었다.

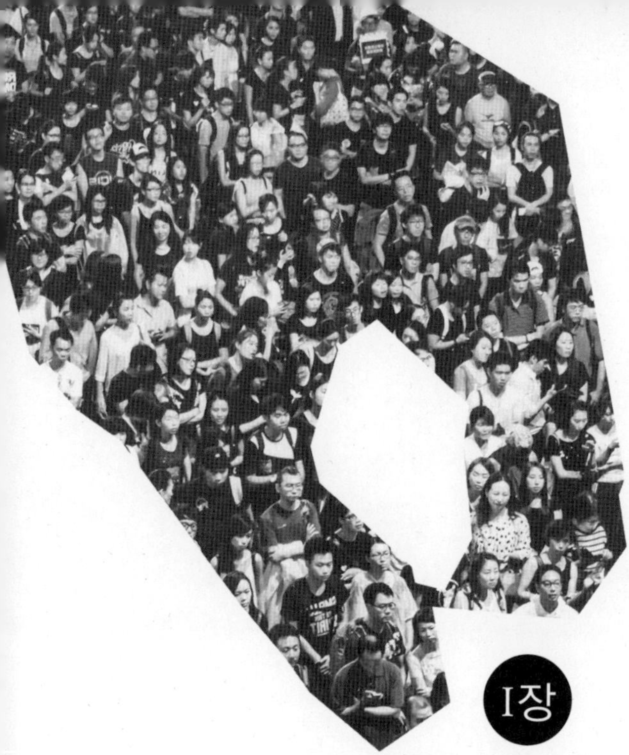

1장

포퓰리즘의 이해

1. 포퓰리즘이란?

1) 포퓰리즘의 기원과 개념

우리 사회에서 포퓰리즘(populism)이라는 용어가 처음 사용된 건 김영삼 정권 말기 유근열 논설주간이 1997년 3월 15일자 조선일보에 기고한 "이(회창)·고(건)·강(경식) 과도체제"라는 칼럼이라고 한다(정병기 2012). 정병기(2012)는 우리 언론에서 사용하는 포퓰리즘은 엄밀히 말해서 대중인기영합주의를 의미하는 포퓰러리즘(popularism)이라고 말한다. 따라서 포퓰러리즘은 이 책에서 사용하는 포퓰리즘과는 다르다. 포퓰리즘이 인기영합주의라는 의미로 사용되어 온 이유는 남미에서 좌파 분배주의와 결합한 페론(Juan Domongo Peron)의 포퓰리즘이 재정 파탄을 가져온 나쁜 사례를 들어 상대를 포퓰리스트로 공격하기 위함이다. 특히 우리나라에서는

'복지포퓰리즘추방국민운동본부'가 탄생했을 만큼 좌파에 대한 거부감을 이용해 상대를 곤경에 처하게 만들기 위해 포퓰리즘을 잘못된 의미로 사용해왔다.

그런데 다른 나라의 언론에서도 포퓰리즘을 포퓰라리즘과 같은 의미로 사용하는 경우를 쉽지 않게 목격할 수 있다. 그 이유는 포퓰리즘이 포퓰라리즘처럼 인기영합적인 모습을 보여주는 측면이 있기 때문이다. 하지만 단순히 인기에 영합하는 포퓰라리즘과 달리 포퓰리즘은 학문적으로 개념이 정리되어 가고 있으며 이에 대한 연구도 활발한 편이다. 특히 최근에는 EU의 통합과 이로 인한 이민의 증가 등으로 EU 통합에 대해 회의적인 태도를 갖는 유권자가 증가함에 따라 유럽의 극우 포퓰리즘 정당들이 제2당이 되기도 하고 기세를 떨치고 있어 포퓰리즘에 대한 연구가 더욱 활발해지는 추세이다.

포퓰리즘 운동의 기원으로 대다수 학자들은 19세기 말 북미에서 펼쳐진 농민운동과 러시아의 혁명 전야에 있었던 나로드니크(*Narodnik*) 운동을 꼽는다(Mouzelis 1985). 나로드니크의 영어 번역이 포퓰리즘이라고 한다. 미국의 농민운동은 산업화와 철도운송요금의 인상으로 인해 피해를 입게 된 농가를 중심으로 농민들의 이익을 보호하기 위해 순수하게 아래로부터 시작된 개혁적이고 체제 저항적인 성격을 띠고 있었다. 농민들은 기존의 주요 정당이 산업가의 이익을 보호한다고 믿었기 때문에 기존의 정당으로부터 이탈하여 〈국민의 당(*People's Party*)〉이라는 새로운 정당을 만들었다. 이것이 고전적인 포퓰리즘 운동의 시작이었다. 포퓰리스트는 '국민

(*the people*)'의 요구가 실현되는 것을 방해하는 소수 엘리트에게 저항하는 것을 목표로 한다. 모든 포퓰리즘에 나타나는 최소 정의(minimal definition)는 포퓰리즘의 필요충분조건을 포함한다. 즉, "정치를 동질적이고 적대적인 두 개의 집단(순수한 국민 대 부패한 엘리트)으로 분리하고 정치는 국민의 일반의지를 표현하는 것이어야 된다고 주장하는 이념"(Mudde 2007, 23)이라고 정의할 수 있다.

냉전의 시작과 함께 에드워드 쉴즈(Edward Shils 1956)는 포퓰리즘의 미국적 시각을 제시했는데 이는 1960년대의 리버테리안 우파와 매카시즘 등에 확대 적용되기도 했다(Taggart 2002). 쉴즈는 포퓰리즘에 매카시즘과 독일의 나치즘, 러시아의 볼셰비즘을 포함했다. 그는 "포퓰리즘은 권력과 재산, 교육, 문화 등을 독점하고 있다고 생각되는 차별화된 기득권 지배계급에 의해 만들어진 사회의 질서에 대한 대중의 불만이 있는 곳에는 어디든지 존재한다"(Shils 1956, 100-101; Taggart 2000, 11에서 재인용)고 정의한다. 따라서 포퓰리즘은 국가, 대학, 관료제, 금융기관 등의 제도를 부패하며 지혜가 부족하다며 근본적으로 불신한다. 포퓰리즘은 대의제도가 국민을 제대로 대변하지 못한다고 비판하면서 지혜는 국민에게 존재한다며 국민의 의지가 실현될 때 비로소 정치가 정당해 보인다고 말한다(Taggart 2000).

2) 두 종류의 포퓰리즘

a) 전략으로서의 포퓰리즘

포퓰리즘은 한 마디로 말해서 소수 기득권층, 특권층의 이익에 대항하여 다수 국민의 이익을 옹호하는 신념이라고 할 수 있다. 포퓰리즘은 크게 두 가지로 발현된다. 하나는 주요 정당이 사용하는 전략으로서의 포퓰리즘이고, 다른 하나는 주요 정당 밖의 외부자(outsider)가 운동을 통해 지지자를 동원하는 이념으로서의 포퓰리즘이다. 포퓰리즘 운동은 새로운 정당을 만들고 원내 진입에 성공하기도 하고 집권에 성공하기도 한다.

웨어(Ware 2002)는 주요 정당이 선거 전략으로서 사용하는 포퓰리즘은 미국에서 가장 빈번히 발견된다고 주장한다. 즉, 미국의 주요 정당에서 후보들이 당내경쟁에서 반대자를 기득권으로 몰아서 공격하기 위해 사용하는 전략을 의미한다(Ware 2002). 미국에서는 국가 형성 시기부터 반정부주의(anti-governmentalism)와 평등주의(eqlitarianism)와 같은 포퓰리즘적 가치가 미국 정치의 주요 가치로 자리 잡았다고 한다. 이 때문에 초기의 포퓰리즘 운동 이후에 포퓰리즘의 담론과 수사를 주요 정당들도 흡수하게 되었다는 것이다. 따라서 연방보다는 주로 주 차원의 당내 경쟁에서 주요 정당의 후보들이 상대를 공격하기 위해 포퓰리즘적 전략을 구사하는 게 정치의 일부가 되었다고 한다. 이 때문에 미국에서는 서유럽의 극우정당과 같이 외부자에 의한 포퓰리즘이 발흥하지 않는다는 것이다.

미국에서 서유럽과 같이 포퓰리즘 정당이 등장하지 않는 또 하나의 이유는 포퓰리즘 운동이 전국 차원에서 일어날 수 없도록 오래된 헌법적 구조와 정당체제가 만들어졌기 때문이라고 한다. 서부의 일부와 남부에서는 일부 포퓰리스트들이 인종문제나 경제문제를 쟁점으로 대중선동을 하기도 했지만 연방차원에서는 그런 일이 불가능했다고 한다. 그 이유는 당의 리더들이 공천에서 영향력을 행사했는데 이들이 포퓰리즘 언사를 별로 좋아하지 않았기 때문이라는 것이다. 포퓰리즘을 구사하는 후보가 대통령 후보로 지명될 가능성이 낮았기 때문에 연방차원의 선거에서는 후보들이 포퓰리즘 전략을 자제했다는 것이다.

남부와 일부 서부의 주 선거에서는 상당히 빈번하게 포퓰리즘 전략이 사용되었다고 한다. 하지만 이 지역에서도 경제가 발전되면서 다양성이 증가함에 따라 주 단위에서 있었던 포퓰리즘도 거의 사라지게 되었다고 한다. 미국 남부의 지역주의가 사라지고 정당의 경쟁이 완전히 살아난 것이 1990년대이니 최근까지도 미국에서는 당내 경쟁에서 포퓰리즘이 전략으로서 사용되었다고 할 수 있다. 특히나 1970년대 예비선거가 도입되면서 정당 보스의 권한이 약화되고 후보자 중심의 선거운동이 가능해지면서 전략으로서의 포퓰리즘이 일상화되었다고 한다.

쉴즈(1956)는 1950년대 미국 사회를 광풍에 휩싸이게 한 매카시즘을 포퓰리즘의 한 유형으로 분류했다. 당내 경쟁이 아니더라도 정치의 장에서 상대를 악으로 몰아 선동적으로 공격하는 것도 전략으로서의 포퓰리즘이라고 할 수 있다. 우리나라에서 상대를 종북좌파니, 친노종북, 수구꼴통이니 하면서 공격하는 것도 정치를 선악 대결로 만들고 상대를 곤경에 빠뜨리기 위해 국민 다수를 선동하는 일종의 포퓰리즘 전략이라고 할 수 있다.

b) 운동으로서의 포퓰리즘

운동으로서의 포퓰리즘은 주요 정당 밖에서 새로운 정당의 형성으로 나타난다. 포퓰리즘은 자신이 추구하는 고유의 이념이 없기 때문에 좌, 우, 중도 어떤 이념과도 친화력이 있다. 포퓰리즘이 좌파로 일컬어지는 건 초기의 농민운동에서 시작된 것도 있지만 주로 1970년 대 남미의 경험에 국한되어 있다. 아르헨티나의 페론주의가 포퓰리즘의 원형으로 간주되면서 남미의 많은 권위주의 정권이 포퓰리즘이라는 넓은 범주에서 정의되었기 때문이다. 그 이후에는 강력한 리더십과 신자유주의가 결합하는 정권이 탄생함으로써 남미에서 포퓰리즘에 대한 관심이 재등장했다(Conniff 1999; Taggart 2002). 최근에는 서유럽에서도 상당히 많은 극우 정당이 포퓰리스트 정당으로 등장하는데 태가르트는 이를 뉴포퓰리즘이라고 명명했다(Taggart 2000; 2002).

남미 포퓰리스트는 중산층 출신의 신흥 부유계층으로서 지배계층에 흡수 혹은 편입되기를 기대하는 집단, 산업화의 과정에서 상대적으로 몰락한 구시대 지배계층의 자손, 혹은 고등교육을 받았으나 기대만큼의 대우를 받지 못해 불만을 가진 집단 등으로 구성되었다(서병훈 1988). 이들은 기존 질서에 소외감을 느끼는 불만 계층으로서 현상의 구조 안에서 수직적 신분상승을 추구하려는 목적으로 정치를 시작했기에 현 체제를 혁명적으로 변화시키기보다는 그 안에서 그들의 입지를 강화하는 전략을 선택했다. 따라서 고전적인 포퓰리즘 운동과 달리 남미의 포퓰리즘은 체제 변혁적이기보다는 체제 유지적이었다는 특징을 띤다.

뉴포퓰리스트 정당은 서유럽과 북유럽의 여러 나라에서 발견되는데 뉴포퓰리즘은 제도를 우회해서 사람을 강조하기 때문에 지도자의 역할이 매우 중요하다. 영국 〈영국독립당〉의 나이젤 파라지(Nigel Farage), 이탈리아 〈북부동맹〉의 움베르토 보시(Umberto Bossi), 〈핀란드인당〉(진짜핀란드인당에서 개명함)의 티모 소이니(Timo Soini), 프랑스 〈국민전선〉의 장마리 르 펜(Jean-Marie Le Pen)과 그의 딸 마린 르 펜(Marine Le Pen), 오스트리아 〈자유당〉의 외르크 하이더(Jörg Haider) 등이 있다. 유럽을 넘어서서 뉴포퓰리즘은 신자유주의 혹은 리버테리안 이념에 기초한 미국의 무당파 후보 로스 페로(H. Ross Perot), 캐나다의 〈캐나다개혁당〉 프레스톤 매닝(Preston Manning), 호주 〈한국가당(One Nation)〉의 폴린 한슨(Pauline Hanson) 등에게로 확산되었다.

이렇게 다른 맥락에서 탄생한 뉴포퓰리즘의 공통점은 정치체제의 정당성과 같은 대의제의 문제에 초점을 맞춘다는 것이다(Taggart 2002). 1970년대 남미 포퓰리즘과 그 이후에 유럽에서 등장한 뉴포퓰리즘의 가장 중요한 차이는 전자가 좌파이며, 경제가 주요 관심사이고 계급연합을 통한 포함의 정치를 추구한다면, 후자는 우파이고 정체성에 기반한 정치를 구사하며 소수자에 대한 배제의 정치를 추구한다는 점이다(Mudde and Kaltwasser 2013). 후자를 뉴포퓰리즘이라고 칭하는데 이것의 특징은 인종 문제를 거론하면서도 과거의 파시즘이나 나치즘과는 다른 점이 발견된다는 점이다. 대의민주주의의 병폐를 지적하고 직접 정치를 선호하면서도 의회민주주의 자체를 포기하지는 않는다는 점이 그것이다(정병기 2012, 15-16).

이처럼 다양한 시기에 다양한 정치적 이념이 서로 다른 포퓰리즘의 모습을 띠고 등장했기에 포퓰리즘에 대한 보편적 개념을 정의하는 게 쉬운 일이 아니다. 일부 학자들은 포퓰리즘의 개념은 있지만 거기에 딱 맞는 현상은 없는 것을 비유해 신데렐라 콤플렉스(Cinderella complex)라고 30년 전에 제안한 이사야 벌린(Isaiah Berlin)의 개념이 아직도 유효하다고 한탄한다(Mény and Surel 2002, 3). 그럼에도 불구하고 최근엔 많은 학자들의 노력 끝에 포퓰리즘의 개념과 관련해 적어도 미국과 유럽에서의 뉴포퓰리즘에 대해서는 어느 정도 합의가 이루어질 만큼 긍정적인 진전이 있었다는 주장도 있다(Akkerman, Mudde, and Zaslove 2014). 이렇게 학자들이 합의를 이룬 개념과 이론적 틀을 사용한다면 완벽하게 들어맞지 않는 포퓰리즘 사례의 경우도 쉽게 이해하고 전망을 예측하는 데 사용할 수 있을 것이다.

3) 포퓰리즘 연구의 접근법

포퓰리즘을 연구하는 데에는 세 가지 정도의 접근법이 있다(Taggart 2002). 첫째는 포퓰리즘이 일어나게 된 역사적 지리적 맥락에서의 포퓰리즘을 연구하는 것이다. 이러한 접근법은 맥락에 대한 깊이 있는 연구는 가능하지만 일반적 개념으로 포퓰리즘을 연구하는 데에는 한계가 있다. 두 번째 접근법은 캐노반(Canovan 1982)처럼 다양한 종류의 포퓰리즘을 분류하는 것이다. 이 방법은 다양한 포퓰리즘을 종합적으로 연구하는 건 가능해도 일반적 개념으로 이해하는 데에는 어려움이 있다. 세 번째 방법은 태가르트(2000)가 택한 방법으로서 포퓰리즘의 이상형(ideal-type)을 제시함으로써 포퓰리즘의 원인과 결과에 대한 보편적인 연구를 시도하는 것이다. 이 책은 태가르트가 사용한 세 번째 접근법을 받아들여 그가 제시한 6개의 주제를 소개하고 이로부터 이 책에서 사용할 분석틀을 제시하고자 한다. 태가르트(2000; 2002)는 포퓰리즘이 다음과 같은 6개의 특징을 공유한다고 주장한다.

첫째, 포퓰리즘은 대의정치에 적대적이다. 메니와 수렐(Mény and Surel 2002)은 다수(majority)가 대표되는 대의제와 소수(minority)의 이익을 보호하는 입헌주의 사이의 긴장관계가 포퓰리즘이 발생하는 원인이라고 주장한다. 즉, 다수 국민을 대변하려는 포퓰리스트의 입장에서는 입헌주의가 이민자 같은 소수자의 권리를 과대하게 보호한다고 생각한다는 것이다. 하지만 캐노반(Cannovan 2002)은 포퓰리즘은 입헌주의보다는 대의제의 복잡한 과정에 대한 좌절에서 비롯된다고 주장한다. 대의제의 목표는 다양한 사람들의 의사를 모두 포함(inclusion)하는 것인데 더 많은 집단을 포함할수록 과정이 복잡해지고 전문가의 영역이 넓어진다고 한다. 민주주의는 투명해야 하는데 더 많은 집단을 포괄할수록 역으로 투명성은 감소하는 긴장관계가 대의제에 존재하기 때문에 포퓰리스트가 대의제를 비판함으로써 등장할 수 있는 토양을 제공한다는 것이다.

이 때문에 포퓰리스트는 국민투표나 주민투표(referendum)와 같은 직접 민주주의 제도를 통해 지도자와 대중을 직접 연결시키려고 시도한다. 대중을 동원하는 과정에서 강력한 리더십을 행사하거나 최소한 중앙집권적인 정치적 구조에 의지하는 이유도 직접 민주주의에 대한 집착 때문이다. 특히 뉴포퓰리스트는 중앙집권화된 구조와 출중한 주요 인물로 정당의 성격을 규정하는 경향이 뚜렷이 드러난다. 포퓰리즘이 비범한 리더와 조직에 의지하는 이유는 대의제의 강화를 위해서라기보다는 거버넌스의 효율성을 위한 목적이 크다.

둘째, "포퓰리스트는 자신을 공동체의 이상화된 개념을 대표하는 심장부(heartland)라고 간주하는 경향이 있다"(Taggart 2002, 67). 포퓰리스트는 이 상상 속의 영역으로부터 정치의 대상으로서 '국민'을 구성하는데 태가르트는 포퓰리스트가 국민을 강조해도 국민이 포퓰리즘의 통합 원리인 것처럼 그 말을 액면 그대로 믿어서는 안 된다고 주장한다. 왜냐하면 포퓰리스트들에게 있어서 국민에 대한 헌신은 심장부에 대한 헌신으로부터 도출된 것에 불과하기 때문이다. 따라서 포퓰리스트의 국민을 이해하기 위해서는 심장부를 이해할 필요가 있다는 것이다. 심장부란 이상적인 세계의 구성이지만 유토피아와는 달리 과거로부터 회고해서 현재에 투영되는 것이다. 보통 이념은 주요 가치로부터 미래의 비전을 도출하지만 포퓰리즘은 심장부의 개념으로부터 가치를 도출한다. 즉, 심장부란 미래의 유토피아가 아니라 현재의 부패와 왜곡이 있기 전의 '좋은 삶'을 상정한다. 포퓰리스트들은 파당적인(분열적인) 경향이 매우 높음에도 불구하고 자신들이 단일화되어 있다고 생각한다. 포퓰리스트들은 자신들을 단일화된 힘으로 인지하기를 좋아하며, 심장부에 대한 공유감이 그들에게 통합을 제공한다(Taggart 2002, 67–68).

셋째, 포퓰리즘은 "중심가치가 결여되어 있다"는 것이다(Taggart 2002, 68). 그 이유는 심장부로부터 주요 가치가 도출되는 데에 있다. 포퓰리즘이 다양한 이념과 결합하는 이유도 바로 여기에서 찾을 수 있다. 태가르트(2002, 68)는 포퓰리즘이 혁명적이기도 하고 대항적이기도 하며, 좌, 우, 권위주의, 리버테리언, 심지어는 민족주의와도 결합하는 것은 포퓰리즘이 태생적인 불완전성과 유연성을 보여준다고 한다.

넷째, 포퓰리즘은 "극한 위기감에 대한 반작용"이다(Taggart 2002, 69). 포퓰리즘은 변화, 위기, 도전과 함께 등장한다. 대표적인 포퓰리즘 운동이 혁명 전의 러시아와 미국의 남북전쟁 직후에 일어난 것도 이 때문이라는 것이다. 포퓰리스트는 바로 이러한 위기감을 이용한다(Urbinati 1998). 무엇보다 정치제도와 엘리트에 대한 불신을 동원한다.

다섯째, 위의 네 번째 특징이 바로 다섯 번째 특징과 직결되는데, 포퓰리스트는 대중을 동원하기 위해 마지못해 정치에 참여한다. 이것이 그들이 새롭고 다른 형태의 정치를 받아들이는 이유를 설명한다고 한다. 그들이 정당보다는 운동을 선호하는 이유이기도 하다. 하지만 바로 이 때문에 포퓰리즘을 지속하는 게 근본적으로 쉽지 않다. 즉, 그들이 유권자에게 호소력을 갖는 이유는 비정치적인 특성 때문인데 일단 그들이 제도화되면 대중에게 인기 요인이었던 가장 중요한 점을 상실하기 때문이다(Taggart 2002, 69).

여섯째, "포퓰리즘은 고도로 카멜레온과 같다"(Taggart 2002, 70). 포퓰리즘은 맥락에 의해 실질적으로 제약을 받는다. 포퓰리즘에 대한 연구가 특정한 운동에 대한 것으로 한정되는 이유도 바로 이 때문이다. 포퓰리즘 운동이 일어났던 시공간의 맥락에 의해 규정되는 것은 포퓰리즘의 고유 특징이기 때문에 포퓰리즘의 본질이 무엇인지는 연구하는 사례 별로 다를 수밖에 없다고 한다.

2. 포퓰리즘의 특징: 수사학과 리더십

포퓰리즘은 매우 다양하여 시대와 국가에 따라 다르게 나타난다. 따라서 포퓰리즘을 보편적 개념으로 분석하는 게 불가능하다는 입장도 존재한다. 하지만 이 책은 앞에서 밝혔듯이 태가르트의 이상형을 받아들여 포퓰리즘의 보편적 특징을 정의하고 이를 사용해 분석을 시도하고자 한다.

앞 절에서 제시한 태가르트의 여섯 가지 특징에는 결과적으로 나타난 현상도 포함되어 있고 관찰을 통해 포퓰리즘으로 판별할 수 있는 특징도 포함되어 있다. 이에 분석을 위해 필자는 위의 여섯 가지 특징을 〈표 1〉과 같은 분석틀로 축약해서 정리했다. 이는 태가르트뿐만 아니라 다양한 포퓰리즘 문헌을 참고해서 필자가 구성한 것이다. 대다수의 학자들이 모든 포퓰리스트에게 공통으로 등장하는 특징으로서 동의하는 건 레토릭과 리더십이라고 한다(Canovan 1984, 313; Mény and Surel 2002; Dekker 2007; Krouwel and Abts 2007; Taggart 2000).

포퓰리즘에 공통적으로 나타나는 수사학적 특징은 기득권과 기존의 지배적인 사상과 가치, 제도에 반대하는 동질적인 국민의 의지에 의존한다는 점이다. 포퓰리스트가 가장 많이 언급하는 단어는 국민이다. 그런데 이 국민이 포퓰리스트만이 지니는 두 가지 특징을 내포하고 있다. 하나는 "동질적인(homogeneous) 생각을 갖는 국민주권의 의지가 한 명의 리더나 운동에 의해 표현되어야 한다는 욕망"과 "국민과 기득권 엘리트층의 적대감에서 비롯되는 정치적 매개 제도에 대한 불신"이 그것이다(Krouwel and Abts 2007, 264).

민주주의는 기본적으로 서로 다른 의견을 갖는 다원주의를 상정한다. 따라서 정당을 통해 다양한 의견을 몇 개의 정당으로 모으고 지도자를 선출함으로써 대의기관을 통해 대변하는 것이

대의민주주의의 특징이라고 할 수 있다. 반면 포퓰리스트는 평등보다는 통합을 추구하고 국민이 분열하고 갈등하는 것을 비정상적인 것으로 간주하여 다원주의에 반대한다(Urninati 1998). 단합된 하나의 의견을 지닌 상태를 심장부라고 간주하기 때문이다. 포퓰리스트는 계급과 이념적 차이에도 반대하기 때문에 포퓰리즘 정당은 계급을 뛰어넘어 남미에서는 계급연대 정당을 이루는 것이 보통이다. 또한 포퓰리스트가 정당이나 의회와 같은 매개제도를 불신하는 이유는 국민의 단일한 의지가 한 사람의 리더의 역량(포퓰리스트 자신)에 의해 대표되는 것을 방해한다는 생각 때문이다 (Kitschelt 2002). 포퓰리스트의 특징 중 가장 두드러지는 것은 제도에 대한 불신과 함께 기득권에 대한 적대감을 표출한다는 점이다. 특히 제도를 우회해 리더의 개인적 역량을 강조하기 때문에 제도에 대한 신뢰를 리더 개인에 대한 신뢰로 대체하는 사인화(私人化) 현상이 목격된다.

포퓰리스트의 세 번째 특징은 권력의지에서 비롯된다. 포퓰리스트는 성공적인 업적을 이룬 비정치인이 갑자기 정치인으로 변신하면서 등장하는 경우가 많은데 이들은 시대와 국민의 소명을 받아 마지못해 정치를 하지만 정치 참여 자체를 내켜하지는 않는다. 따라서 권력의지가 비적극적(reluctance)인 특징을 띤다. 그러면서도 다른 한 편으로는 출마를 굽히지 않는 강한 권력욕을 보여줘 한 마디로 양면적인(ambivalent) 권력의지를 드러내는 경향이 있다는 것이다(Taggart 2000).

포퓰리스트의 위의 세 가지 수사학적 특징 외에도 리더십에서 특징을 보인다. 수사학적으로는 늘 국민을 외치지만 리더십은 대체로 카리스마가 있으며 권위적인 특징이 있다. 포퓰리스트 리더는 직접적이고 단순한 수사를 구사하는 경향이 있는데 그 이유는 대중과의 소통을 중시하기 때문이다. 간접적인 소통은 인위적이고 반대중적이라는 가정 때문이다(Urninati 1998). 또한 민주적 절차보다는 효율성을 중시하는 경향이 있다. 공조직보다는 자신의 측근으로 이루어진 폐쇄적인 사조직에서 의사결정을 하는 등, 민주적 리더십과는 거리가 있다. 또한 포퓰리스트의 분열적·분파적 행동도 특징 중 하나로 지적되는데, 그 이유는 자신은 국민을 대변할 특별한 존재라는 생각 때문에 조직 내에서 남과 융합되는데 어려움을 겪기 때문이다(Taggart 2000).

이러한 수사학과 리더십의 특징은 모든 포퓰리스트에게서 나타나는 특징이므로 뉴포퓰리스트에게도 공통적으로 나타난다. 이 책에서 연구의 대상으로 삼은 로스 페로와 안철수도 뉴포퓰리스트라고 생각한다. 하지만 이들은 이념적으로 중도적이다. 따라서 유럽의 극우 포퓰리스트와 달리 극단적인 언어의 사용이나 이념적 극화를 발견하기는 어렵다. 이들과 유사한 사례는 오히려 이탈리아의 총리를 세 번이나 역임한 베를루니코스라고 할 수 있다. 베를루니코스는 매스컴을 활용하는 기술이 뛰어나 미디어 포퓰리스트라고도 불리는데 이 점에서 페로와 안철수와 유사하다고 할 수 있다. 다음의 분석틀은 서유럽과 북미, 호주의 뉴포퓰리스트를 이해하는데 도움을 주고자 포퓰리스트의 수사학과 리더십의 특징을 정리한 것이다.

〈표 1〉 (뉴)포퓰리스트 분석틀

수사학(rhetoric)	■동질적인 국민의 의지 상정 ■매개제도에 대한 불신과 기득권층에 대한 적대감 ■양면적인 권력의지(소명의식 강조)
리더십	■권위주의적 ■공조직을 우회하여 폐쇄적인 사조직 중심의 의사결정 ■분열적, 분파적

뉴포퓰리스트 수사학의 특징은 세 가지로 요약될 수 있다. 1) 포퓰리스트는 정당 간의 싸움을 매우 부정적으로 바라보기 때문에 2) 동질적인 국민의 의지를 상정하고 국회나 정당과 같은 매개집단과 기득권층에 대해 적대적이다. 3) 자신이 정치를 하는 건 국민으로부터 소명을 받았기 때문이라고 주장하기에 권력의지가 없는 것처럼 행동하다가 집요한 권력의지를 보이는 등 양면적이라는 점이다. 이와 함께 포퓰리스트 리더십의 특징은 1) 권위주의적이며 독재적이고 2) 공조직을 우회하여 폐쇄적인 사조직 중심으로 의사결정을 내리며 3) 상명하달이 통하지 않을 경우에는 갈등해소에 무기력하고 그 정당은 분열적, 분파적이 된다고 요약할 수 있다.

3. 각국의 포퓰리스트

이 절에서 소개할 인물들은 각국의 포퓰리스트 정당을 이끌고 있는 지도자들이다. 포퓰리스트 정당에서는 앞에서 설명했듯이 지도자의 역할이 매우 중요하다. 독자들이 스스로 포퓰리즘에 대한 개념을 이해하기 쉽도록 각국의 포퓰리스트 리더들을 소개하고자 한다.

1) 영국의 나이젤 파라지(Nigel Farage)

현 영국독립당(UKIP) 당수 나이젤 파라지는 1964년 4월 3일 영국의 켄트(Kent) 지방에서 태어났다. 아버지는 런던에서 일하는 주식중개인이었는데 알코올중독자였으며 파라지가 5살 때 가출했다. 파라지는 두 번 결혼했으며, 현재 부인인 커스텐 머(Kirsten Mehr)는 그의 정당 비서로서 함께 활동 중이다. 자녀는 네 명이 있고 영국 성공회를 믿고 있다. 2010년에 〈영국독립당〉 창당과 그의 개인적인 삶의 흔적, 정치인생을 담은 회고록 *Fighting Bull*을 출간했다.

파라지는 런던의 남쪽에 위치한 덜위치 칼리지(Dulwich College)를 졸업했다. 그 이후 여러 회사들의 원자재 브로커(commodities broker)로 일했다. 1985년에는 큰 교통사고를 당하여 11개월간 다리에 깁스를 하고 있은 적도 있으며, 1986년에는 고환암을 발견했으나 완치 판정을 받았다.

1990년은 현대 영국사에 지대한 영향을 미친 마가렛 대처(Margaret Thatcher)가 보수당의 수상직에서 사임한 해이다. 대처의 뒤를 이어 존 메이저(John Major) 총리가 정권을 잡았으며 1997년에는 〈노동당〉의 40대 젊은 당수 토니 블레어(Tony Blair)가 등장했다. 블레어는 유럽연합과 유대관계를 강화하는 것에 주안점을 두었다.

정치인으로서 파라지의 행보는 예견된 것이나 다름없었다. 파라지는 학교에 다니던 시절부터 열렬한 보수주의자였기 때문이다. 그러나 1992년, 존 메이저 국무총리가 유럽연합에서 마스트리흐트 조약(Maastricht Treaty)에 서명하자 가차 없이 보수당을 떠났다. 1992년은 영국 파운드화가 폭락한 검은 수요일이 발생한 해이기도 하다. 영국 중앙은행은 단기금리를 대폭 인상하여 파운드화를 지키려고 안간힘을 썼지만 역부족이었다. 이 사건을 계기로 장기집권을 끝낸 보수당은 노동당에 정권을 내줬다. 결국, 파라지는 1993년에 〈영국독립당(United Kingdom Independence Party)〉을 창당하기에 이른다. 1999년에는 남동 영국을 대표하는 유럽의회 멤버(MEP)가 되었다.

1993년 창당 이후 당수 파라지와 당은 영국을 유럽연합에서 탈퇴시키는 것을 주요 목표로 삼았다. 2006년 9월, 파라지는 당내 선거에서 45%의 득표를 얻어 〈영국독립당〉의 당수가 되었으며, 이는 2등보다 20%나 앞서는 수치였다. 2009년에 수장의 자리를 피어슨 경(Lord Pearson)에게 물러줬으나, 이듬해 다시 복직했다. 2012년 11월에 〈영국독립당〉은 로더럼(Rotherham)과 크로이든 북부(Croydon North)에서 열린 여론조사에서 〈민주공화당〉과 〈토리당〉을 앞서는 기록을 세우기도 했고, 2014년 5월에는 유럽의회에 파견할 대표를 뽑는 선거에서 4,376,635표라는 가장 많은 득표수를 얻어 당에 승리를 안겼다. 이는 100년 만에 처음으로 영국의 〈노동당〉이나 〈보수당〉이 아닌 제3정당이 다수를 얻는 특별한 순간이었다. 2015년 5월 8일, 영국 총선에서 남부 타넷(Thanet South)의 의석을 탈환하지 못하자 파라지는 당수 자리에서 사임한다. 그러나 5월 11일에 그는 다시 대표 자리로 돌아왔다.

파라지는 극우적인 정치행보로 가장 유명하다. 일례로 파라지는 유럽연합과 유로화에 강력하게 반대하고 있다. 그는 변화는 유럽 외부가 아닌 내부에서부터 일어나야 한다고 주장하며 유로화는 "euro-nonsense"라며 비꼬았다. 이민자에 대하여 그는 기본적으로 무슬림 이민자들을 지지하지만 그들이 "우리를 압도하는 것"은 용납할 수 없다는 입장을 보였다. 또한, 영국 내에서 많은 문제를 일으킨 루마니아계 이민자들에 대하여 "만약 그들이 내 옆집으로 이사를 온다면 그것은 우려할 만한 일이다"라는 다소 차별적인 발언으로 물의를 일으킨 적이 있다. 그러자 그들이 적법한 이민 허가 절차를 거친다면 문제가 없을 것이라며 사태를 수습했다. 2013년, 파라지는 시리아 난민들을 영국 정부가 더 많이 받아들일 것을 종용했다. 그러나 후에 그는 이 난민들은 반드시 그 국가의 소수자인 기독교인들이어야 한다고 수정 발언을 했다.

그와 막역한 〈진정한 핀란드인당(True Finns Party)〉의 당수 티모 소이니(Timo Soini)가 묘사하는 나이젤 파라지는 노골적이고 배포가 큰 연설가이다. 이는 파라지의 성향과 리더십 스타일을 정확하게 지적하는 말이다. 파라지는 유럽의회의 새로운 의장 헤르만 판 롬파위(Herman van Rompuy)를 저급한 은행원이라고 비난할 정도로 무례한 언사로 유명하다. 이러한 거침없는 파라지의 성향이 그와 당에 대한 호불호를 가른다. 그래서 그의 주변에는 항상 그에 열광하는 사람들이 넘치지만 그들은 파라지에 쉽게 환멸을 느끼고 돌아서기도 한다. 2006년에 데이비드 캐머런(David Cameron) 보수당 대표가 파라지의 〈영국독립당〉을 과일케이크, 미치광이, 그리고 아닌 척 하는 인종차별주의자로 가득 찼다고 묘사한 것만 봐도 파라지와 〈영국독립당〉의 다소 극단적인 면을 짐작해 볼 수 있다. 〈영국독립당〉이 웨스트민스터 사원에서 의석을 단 한 번도 차지한 적이 없는 것을 감안하면 파라지가 영국에서 가장 유명한 정치인 중 한 명이라는 점은 놀랍기까지 하다. 그의 허세와 활기, 직설적인 언사가 그만큼 성공적이었음을 보여준다.

2) 프랑스의 장-마리 르 펜(Jean-Marie Le Pen)

장-마리 르 펜은 1928년에 프랑스 브르타뉴의 한 작은 바닷가 마을에서 가톨릭 신자인 어부의 아들로 태어났다. 14세가 되던 해에 그의 아버지의 배가 폭발하는 사고로 인해 그는 고아가 되었다. 르 펜은 예수회 고등학교인 반느(Vannes)의 프랑수아 사비에르(Francois Xavier)에서 공부를 하고, 그 후엔 로리앙의 드퓌 드롬 고등학교에서 수학했다. 그는 파리에서 법학 공부를 했는데, 법학생 협회의 회장을 맡으면서 극우파이자 반공산주의자로서 정치 경력을 쌓기 시작했다. 법학 학위를 취득한 후에 그는 프랑스 군대에 입대했는데, 당시 프랑스는 1954년에 디엔비엔푸 전투에서 패배하고 제네바 회의에서 제1차 인도차이나 전쟁을 종결하던 시점이었다. 1956년에 르 펜은 28세의 젊은 나이로 프랑스 포퓰리스트 정치인 피에르 푸자드(Pierre Poujade)의 정당인 〈상공인 옹호 조합(Union de defense des commercants et artisans, UDCA)〉의 당원 자격으로 프랑스 국회의 가장 젊은 의원이 되었다. 군복무를 마치고 그는 파리 제2대학(Pantheon-Assas University)에서 정치학과 법학을 공부했으며, "1945년 이후 프랑스에서의 무정부주의 운동"이라는 제목의 졸업논문을 제출했다.

르 펜은 〈국민전선(Front National, FN)〉이라는 정당을 1972년에 창당하여, 프랑스의 급진우파 세력을 재결집했다. 〈국민전선〉은 1973년의 석유파동으로 초래된 세계적인 경제 위기를 적극적으로 활용해 프랑스 내 이민을 비판하는 것으로 인기를 얻었다. 그 결과 1980년대에 〈국민전선〉에 대한 프랑스 대중들의 지지도가 올라가고, 1984년 유럽의회 선거에서 10%의 득표를 했다. 르 펜은 총 5번(1974년, 1988년, 1995년, 2002년, 2007년)에 걸쳐 프랑스 대통령 선거에 출마했는데, 특히 2002년 선거의 1차 투표에서 16.86%의 득표를 하여 국내외에서 큰 관심을 받았다. 그토록 우 편향적인 정치인이 프랑스 대통령 선거의 2차 투표까지 올라간 것은 매우 이례적인 일이었기 때문이다. 때문에 중도 우파에서 좌파에 이르기까지 거의 모든 정치적 견해를 가진 시민들이 "파시스트에게 투표하느니, 차라리 사기꾼에게 투표하라"라는 슬로건을 걸고, 르 펜에 반대하는 거리시위를 벌였다. 그 결과 2차 투표에서 재임 중이었던 자크 시라크 대통령이 프랑스 제5공화국 역사상 가장 높은 득표율인 82%를 얻으며 큰 격차로 르 펜을 대파했다. 르 펜은 2007년도에 마지막으로 프랑스 대통령 선거에 출마하여, 78세의 나이로 프랑스 역사상 최고령의 대선 후보가 되기도 했다.

그는 국내외에서 외국인 혐오 및 반유대주의로 여러 차례 고소를 당했다. 2005년에 파리의 한 법원은 르 펜이 2003년에 르몽드와 가진 인터뷰에서 이슬람교도를 폄훼하고, 인종 간 혐오를 선동하는 발언에 대하여 15,000유로의 벌금을 부과했다. 1987년에는 에이즈에 감염된 모든 사람들을 사회로부터 격리시켜야 한다고 주장해 논란을 빚기도 했다. 월드컵 대회를 전후로 그는 프랑스 월드컵 선수단에 유색인종 선수들이 지나치게 많다고 여러 차례 지적하며, 이는 프랑스 사회를 정확하게 반영하지 않는 것이라고 주장했다. 또한 프랑스 국가인 라 마르세예즈(La Marseillaise)를 부르지 않는 선수들은 프랑스인이 아니라고 비난했다. 2007년에 있었던 프랑스 대통령 선거 캠페인에서 르 펜은 경쟁 후보였던 니콜라 사르코지가 헝가리 출신인 점을 들어 외국인(foreigner)이라고 공격했다. 뿐만 아니라 그는 국가 원수가 되는 것은 역사적이고 정신적인 영역의 일이므로 보통의 정치인이 되는 것과는 다른 문제라 언급했다. 사르코지는 자신이 헝가리의 혈통을 가지고 있음을 자랑스럽다고 말했는데, 르 펜은 프랑스의 혈통을 가지고 있음이 자랑스럽다고 이야기하기도 했다. 르 펜은 기후 변화에 대해서 매우 회의적이었고 환경보호론자들을 공산주의자에 비유했다.

그는 또한 홀로코스트(1930~40년대 나치에 의한 유대인 대학살)의 의미를 축소시키고 부정하는 발언을 하여 1999년에 뮌헨 법원으로부터 벌금을 구형받았다. 1987년에 르 펜은 제2차 세계대전에 관한 1,000페이지 분량의 책을 보면, 나치 강제수용소에 대한 내용은 오직 두 페이지뿐이고, 가스실에 대한 내용은 10줄에서 15줄밖에 되지 않는다고 매우 도발적인 발언을 하기도 했다. 〈국민전선〉은 홀로코스트를 부정하는 그의 발언과 관련하여 징계 청문회를 소집했으나 르 펜이 참석을 거부했고, 2015년에 특별 당 회의를 거쳐 그를 당으로부터 축출했다.

3) 프랑스의 마린 르 펜(Marine Le Pen)

마린은 1968년에 파리의 북서 교외에 위치한 뇌이쉬르센에서 장-마리 르 펜의 세 딸 중 막내로 태어났다. 1976년에 그녀와 그녀의 가족은 집에서 자고 있는 동안 폭탄 테러를 당했지만, 모두 무사했다(von Rohr 2011). 마린은 파리 제2대학(Pantheon-Assas University)에서 법학을 공부하고, 1991년에 법학 석사를 취득했으며, 1992년에 형사법에 대한 심화과정 석사학위(diplôme d'études approfondies, DEA)를 받았다. 그녀는 변호사 자격증을 취득하여 파리 변호사 협회에 등록되었고, 1992년부터 1998년까지 6년 동안 파리에서 변호사로 활동했다. 마린은 1998년에 국민전선의 법무팀에 합류해 1998년부터 2003년까지 국민전선의 법률 부서를 이끌었다. 마린은 18세의 어린 나이로 〈국민전선〉의 당원이 되었고 2003년에는 부총재가 되었다. 2006년에는 그녀의 아버지인 장-마리 르 펜의 2007년 프랑스 대통령 선거를 관리하는 임무를 맡게 되었다. 〈국민전선〉의 두 명의 부총재 중 한 명인 마린은 당의 커뮤니케이션과 홍보를 담당했다.

그녀는 국민전선을 우파 세력뿐만 아니라 프랑스 국민 전체의 문제를 다루는 거대 국민정당으로 변혁하는 목표를 가지고 있었다. 마린은 2002년에 창당되어 2007년 프랑스 대선에서 니콜라 사르코지를 당선시킨 중도 우파 정당인 〈대중운동연합(Union pour un Mouvement Populaire, UMP)〉과 어떠한 정치적 연합도 하지 않겠다고 여러 차례 언급했다(Le Figaro. 2010.10.30.; Le Monde 2010.10.31). 그녀는 아버지인 장-마리 르 펜의 홀로코스트와 같은 전쟁 범죄에 관한 논란에 대해서는 거리를 두려고 노력했다. 영국의 중도 좌파 일간신문 인디펜던트(The Independent)와의 인터뷰에서 마린은 〈국민전선〉이 인종차별주의 정당도, 외국인혐오주의 정당도, 극우 정당도 아니라고 주장했고, 좌파도 우파도 아닌 "애국주의 정당"이라고 정의를 내렸다(The Independent 2010.9.13). 언론은 마린의 이러한 노력을 〈국민전선〉의 이미지를 쇄신하기 위한 시도로 보았다(Pognon 2008).

2010년부터 2011년까지 그녀는 〈국민전선〉의 총재가 되기 위하여 당내에서 선거 캠페인을 벌였는데, 이는 2012년도에 있을 프랑스 대통령 선거에 출마하기 위한 것이었다. 마린은 〈국민전선〉 당원들과 만나 그녀의 정치적 견해와 프로젝트들을 설명했고, 그녀의 아버지와 당 고위간부들의 압도적인 지지를 받았다. 프랑스 전역에서 벌인 마린의 캠페인은 지역 신문사들과 방송사들의 큰 관심을 받았다. 2011년에 그녀는 67.65%(11,546표)의 득표를 하여 공식적으로 〈국민전선〉의 총재가 되었고, 현재까지 그 직위를 유지하고 있다.

마린은 2012년 프랑스 대통령 선거에 출마하기 위해 2011년부터 대선 캠페인을 시작했다. 그녀는 집단적 유대 관계와 시민의 책임의식을 가능하게 하는 직접 민주주의를 옹호했고, 의사결정 과정에 시민의 참여를 독려했다. 그녀는 보호주의적이고 효율적인 국가의 필요성을 주장하며, 자유무역과 경제적 자급자족에 반대했다. 마린은 대통령 선거 캠페인에서 "국민의 목소리, 프랑스 정신", "강한 국가", "외국인 투표권에 대한 확고하고 절대적인 반대" 등을 강조하는 연설을 했다(Front National 2011.9.11.; Front National 2011.12.8). 당시 재임 중이었던 니콜라 사르코지 대통령은 두 번째이자 마지막이 될 대통령 임기에 도전하기 위하여 2012년 프랑스 대통령 선거에 출마했고, 마린은 첫 번째 투표에서 17.90%의 득표율로 3위를 차지하여 니콜라 사르코지와 프랑수아 올랑드 후보에게 패배했다.

4) 이탈리아의 움베르토 보시(Umberto Bossi)

움베르토 보시(1941년 9월생)는 이탈리아의 정치인이자 북부의 지역당 〈북부동맹(Lega Nord)〉의 전 당수이다. 보시는 이탈리아 북부 롬바르디아 지역의 노동자 가정에서 태어났다. 리세우 과학 고등학교를 졸업한 후, 비록 학위를 받지는 않았지만 파비아 대학에서 의학을 전공했고 그 이후 병원에서 근무했던 경력이 있다. 한때 가수의 꿈을 품고 '도나 토'라는 가명으로 디스크를 출반하기도 했었던 독특한 이력도 가지고 있다. 정치에 입문하기 전 보시는 몇 년 동안 이탈리아 공산당 지지자였다. 1979년 이탈리아 북서부지역의 연방제 지지자인 브루노 살바도리를 처음 만났는데, 보시는 살바도리로부터 1980년대 중반에 걸쳐 지역 정당을 설립하는데 큰 영향을 받았으며 40대에 북부 독립주의 운동을 접하게 되었다.

1981년 보시는 이탈리아 북부 롬바르디아 지역에서 북부동맹의 모태가 된 〈롬바르드 자치주의자 리그(Lombard Autonomist League)〉의 설립을 추진했다. 이후 〈롬바르드 리그(Lombard League)〉로 개명한 후 총선에 참가하여 상원과 하원에 각 1명씩 의원을 배출했다. 당시 보시 본인이 상원의원에 당선돼 세인의 주목을 받았다. 1989년에는 북부 이탈리아 지역의 자치를 주장한 단체들과 연합하여 〈북부동맹(Northern Alliance)〉을 설립하고, 주의회 선거 및 지방선거 등에 참여했다. 1991년 소련이 붕괴되자 전당대회에서 지역정당 이미지를 불식시키기 위해 〈연방이탈리아 북부리그당(Lega Nord–Italia Federale)〉으로 당명을 변경했다.

1993년 마니 풀리테(mani pulite, 깨끗한 손) 운동으로 이탈리아 정계가 흔들리면서 그의 당이 정국의 주도권을 행사하게 되자 그는 이탈리아 정계의 실력자로 자리 잡게 되었다. 기존 정치권이 붕괴되고 다수대표제가 도입된 가운데 실시된 1994년 3월 총선을 시작으로 〈북부리그당〉은 당세를 크게 확장하여 주요 정당으로 부상했으며, 우파연립정권에 지속적으로 참여했다. 〈북부리그당〉은 반남부 성향으로 대표되는 저항운동적 성격을 띠고 있었다. 당시 보시는 남부가 북부의 세금을 갈취하고 있다며 중앙정부와 남부를 싸잡아 도둑이라고 비판했다. 〈북부리그당〉은 한때 북부 산업지역의 유권자들로부터 절대적인 지지를 받음에 따라 북부지역 제1정당으로 급성장하며 좌·우파 연합 사이에서 캐스팅 보드를 쥐었다. 또한 반남부 성향뿐만 아니라 반외국인 성향도 짙었다. 그들의 주요 표적은 엔리코 레타 정부에서 기회평등부 장관을 지낸 아프리카 출신의 세실 키안주였다. 키안주는 출생지주의 법안을 지지했는데 북부리그당은 이를 꼬집어 키안주 장관을 '파다니아 민족'의 백인성과 맞지 않는 피부 색깔을 가진 '흑인성 장관'이라고 저속하게 부르기도 했다.

보시는 연방주의를 목표로 지역의 자율성 획득을 주장했지만 사실상 이탈리아 북부 8개 지방을 통합한 파다니아 공화국의 독립을 주장했다. 1996년 9월 보시는 파다니아공화국이라고 불리는 이탈리아 북부의 일부(밀라노와 베네치아 등 북부 8개 지방을 통합)에 대한 독립을 선언했다. '남부는 북부의 피와 땀을 훔치는 게으른 도둑'이므로 '북부가 더 이상 희생할 필요가 없다'는 게 그의 주장이었다. 이탈리아의 북쪽과 남쪽 사이의 경제적·문화적 차이를 악용하여 북부지역이 상대적으로 덜 발달된 남부지역에 의해 손해 보고 있다고 주장하며 파다니아공화국이 유럽연합(EU)의 일원이어야 함을 호소했다. 실제 많은 이탈리아인들이 파다니아공화국의 분리독립을 지지하지는 않았지만, 연방제 개혁과 파다니아공화국의 자주적인 유럽 통화 시스템 참여에 대한 그의 플랫폼은 많은 지지를 얻었다.

종래에는 이탈리아 북부의 분리독립운동을 주도했던 이러한 분리주의는 전 수상인 베를루스코니가 2001년 총선에서 안정의석을 얻으며 기세가 다소 꺾였다. 여론이 악화됨에 따라 지지기반이 약화되고, 정치권 내에서도 소외되자 이에 대한 반성으로 연방제 채택을 궁극적인 목표로 설정하고 지방 분권 강화를 주장하고 있다. 일부는 자신의 정치적 미래에 의문을 제기했지만, 2008년 4월에 실시된 총선에서는 베를루스코니가 이끄는 〈자유민중당(PDL)〉과 합당하지 않으면서도 우파연합의 충실한 파트너로서 총선 연대에 참여했다. 당시 〈북부리그당〉은 상원과 하원에서 각각 8.06%, 8.30%의 지지율을 얻어서 상원 25석, 하원 60석을 확보했다.

많은 논란을 일으켰던 발언 때문에 그는 자주 사임 압력에 직면했으며, 형사 범죄 혐의에 연루되기도 했다. 2010년 9월 로마 시민들을 '돼지들'이라고 지칭하며 공개적으로 막말을 하는가 하면, 기자들에게 가운뎃손가락을 치켜드는 모욕적인 행동을 하기도 했고, 배를 타고 이탈리아 해안을 통해 밀입국을 시도하는 불법 이민자들에게 대포를 쏘아야 한다고 말한 적도 있다. 1998년에 지지자들로 하여금 〈국가 동맹당〉 의원들을 색출하도록 촉구한 이후 폭력을 선동한 혐의로 집행유예를 선고 받기도 했다. 2012년 4월 당 자금을 남용했다는 스캔들에 휘말려 그는 〈북부리그당〉의 당 대표를 사임했다. 사임 바로 직후 〈북부리그당〉은 보시를 명예 당 대표직에 임명했다.

정치 지도자로서 보시는 당 내 통제에 있어서는 어느 정도 리더십을 보여주었다. 하지만 그 리더십이 대중을 의식한 그의 사적 이미지와 〈북부리그당〉의 정체성에는 한계도 있다. 또한 그가 이끌었던 〈북부리그 정당〉까지 카리스마 있는 정당으로 여겨질 정도는 아니었다는 평가도 다분하다. 보시의 지속적인 극단주의로 당내 분당, 탈당 사태가 확산되어 현재는 당세가 크게 위축된 상황이기 때문이다. 보시가 파다니아공화국의 독립을 주장했을 당시 〈북부리그당〉은 북부의 피에몬테와 베네치아로 대표되는 거대 지역을 잘 관리한 덕분에 당당하게 북부를 대표하는 당으로 자리매김할 수 있었다는 평을 받기도 했다. 하지만 북부에서 정치력을 발휘할 수 있도록 서로 뒤를 봐주는 후견 조직망을 확고히 했음도 무시할 수 없는 요인 중 하나였고 그 결과 전국 무대에서는 소외되어 외국인 혐오와 인종차별 발언을 할 때만 전국적인 관심을 끌었을 뿐, 철저히 이탈리아 북부지역에만 국한되었다는 한계가 있다.

5) 오스트리아의 외르크 하이더(Jörg Haider)

외르크 하이더(1950년 1월 26일~2008년 10월 11일)는 오버외스터라이히 주에서 태어났다. 하이더는 나치와 히틀러를 찬양하고 유대인을 멸시하며 외국인을 혐오하는 등의 발언으로 끊임없이 물의를 빚어온 인물이다. 그는 뿌리부터 나치였다. 그의 부모는 나치

당에서 활동했는데, 아버지 로베르트 하이더는 열성 나치 당원이었다. 나치가 불법이던 1929년 이미 은밀히 나치에 가입했을 정도이며, 이후 나치군대에서 활약했다. 어머니도 히틀러 소녀연맹 회원이었고 나치의 부인조직 간부였다. 그의 가문의 재산은 나치 독일이 오스트리아를 합병할 무렵 해외로 도망치는 유태인의 땅을 헐값에 사들여 축적한 것이다. 하이더가 16세 소년이었을 때 '오스트리아의 뿌리가 독일'이라는 연설을 해 신나치주의 신문을 장식한 적도 있었는데 그가 인종주의를 소리 높여 외치거나, 홀로코스트는 허상이라는 등 끊임없이 나치를 두둔한 행보를 보였던 것은 그의 부모의 영향이 컸음을 짐작할 수 있다.

하이더는 빈 대학교에서 법학을 전공했으며, 3년간 법학 강의를 했다. 젊은 시절 우파인 〈자유당〉 청년 조직에서 활동했으며, 케른텐 주의 당 간부가 되었다. 1979년 케른텐 주를 지역구로 국회의원으로 선출되었고 1986년 〈자유당〉 당수가 되었다. 1989년 케른텐 주 정부 구성 시 최다 의석을 확보했던 좌파의 〈사회민주당〉이 과반 의석 확보에 실패하자, 〈자유당〉과 중도 우파의 〈국민당〉이 연정을 구성하고 그는 케른텐 주지사가 되었다. 그러나 그는 이 무렵부터 나치와 히틀러를 찬양한다고 공공연하게 밝히는 등 극우적인 성향으로 문제가 되었다. 한 예로 1988년 텔레비전 토론회에서 하이더는 "오스트리아 민족이라는 개념은 '이데올로기적인 유산의 결과'에 불과하다"며 대독일주의에 대한 자신의 소신을 피력한 바 있다. 결국 1991년에는 나치의 고용정책을 옹호하는 발언으로 파문을 일으킨 후 주지사 직에서 물러났다. 하지만 그 후 그의 반이민, 반유럽연합(EU) 정책은 경기 침체 등에 불만을 품은 상당수 유권자들의 지지를 확보해왔다. 1999년 선거에서는 〈자유당〉이 최다 의석을 얻어 독자적으로 주 정부를 구성하여 주지사가 되어 2008년 사망할 때까지 재직했다.

그가 이끄는 〈자유당〉은 국회의원 선거에서 의석을 늘렸으며, 1999년 총선에서는 제2차 세계대전 이후 번갈아가거나 연립하면서 정권을 구성해오던 〈사회민주당〉과 〈국민당〉을 위협할 수 있을 정도까지 큰 돌풍을 일으켰다. 이는 제2차 세계대전 후 유럽의 민주 국가에서 극우 정당이 거둔 최대의 승리였다. 총선에서 〈국민당〉이 최다 의석을 확보했고, 다음으로 〈사민당〉과 〈자유당〉이 같은 수의 의석을 얻었다. 과반 의석을 확보하지 못한 〈국민당〉은 처음에 〈사민당〉과 제휴하려 했으나 협상이 진행되지 않자 〈자유당〉과 반이민자 정책 기반 연정을 구성하여 2000년 2월 4일 〈자유당〉이 참여한 연립 내각이 출범했다. 이 사건은 오스트리아뿐 아니라 국제사회에 커다란 충격을 주었다. 유럽 연합은 오스트리아에 대해 정치적인 제재 조치를 취했으며, 이스라엘과는 사실상 관계 단절 상태가 되었다. 〈사회민주당〉 당원과 학생, 외국인 1만여 명은 2월 12일 빈에서 〈자유당〉 연정 참여 반대 시위를 벌였다. 이렇듯 비판 여론이 고조되자 그는 〈자유당〉 당수와 연립정부 정책위원직을 내놓았으나 극우적 기조는 굽히지 않았으며, 이후로도 독자적인 행보를 계속하며 눈길을 끌었다.

1999년 하이더는 정치적으로 전성기를 구가했다. '활동하는 것은 진실이다'는 원칙 아래 하이더는 오스트리아 사회 각 계층에 파고들었다. 하이더의 〈자유당〉은 1999년 10월 3일 총선에서 27%의 득표율로 183석 중 52석을 얻어 원내 제2당이 되었고, 1986년 5%에 불과했던 그의 지지도는 총선 당시 27%, 연정 참여와 유럽 연합의 정치적 제재로 그의 지지도는 33%까지 뛰어올랐다. 유효투표자의 27%인 120만 명이 1999년 10월의 의회선거에서 하이더를 찍었다. 보수파와 개혁의 시기를 놓치고 불안에 떨고 있는 사람들만 하이더를 지지한 것이 아니다. 하이더를 선택한 이들 중 35%가 19세에서 30세 사이의 젊은 유권자들이었다. 그 연령대에서 〈자유당〉은 가장 인기 있는 정당이었다.

그가 정치적으로 성공한 요인은 개인적인 매력에 있다. 온몸에 문신을 새긴 대머리 신나치주의자들과는 달리, 그는 영화배우 같은 미남에다 타고난 정치가였다. 각종 매스컴은 종종 그의 외모를 언급하며 대중 선동과 연설에 뛰어난 그를 TV에서 보면 빛이 난다고 말했다. 그는 옷 잘 입는 남자로도 소문이 나 있었다. 그의 옷장에는 최고급 브랜드인 '아르마니' 옷이 잔뜩 걸려 있었다. 또한 운동에도 소질이 있어 뉴욕마라톤에 참가해 3시간 30분에 완주했던 기록도 있다. 국내외의 반대세력에도 불구하고 그의 인기는 상당했다. 심지어 오스트리아에서 좌익 계열 잡지를 발행하는 월터 팜러도 하이더와 히틀러는 다르다고 말했다.

물론 그가 개인적인 매력만으로 오스트리아의 지도자로 부상했다고 단정 지을 수 없다. 오스트리아는 유럽에서는 드물게 4.2%의 적정 실업률과 성공적인 사회보장 제도를 자랑하는 곳이다. 너무나 안정적인 사회에서 지난 수십 년 간 새 정치지도자가 나타나지 않았다. 그렇기 때문에 이러한 상황에서 오스트리아 국민들은 변화를 갈망하고 있었고, 〈자유당〉의 당론은 관심도 없었다. 〈자유당〉의 약진도 새로운 정치에 목마른 국민의 눈에는 어쨌든 변화로 보였던 것이다.

오스트리아의 지정학적 특성도 하이더를 도왔다. 냉전 시절, 오스트리아는 지리적으로 양 진영 사이에 끼어 있어 스파이의 천국으로 불렸다. 1989년 베를린 장벽 붕괴 이후 동구권에서 끊임없이 외국인들이 몰려왔다. 특히 오스트리아의 수도 빈은 역사적으로도 오랫동안 각지에서 이주해온 이민자들이 뒤섞여 살아가고 있는 곳이다. 외국인을 비방하는 범죄는 거의 없는 일정한 수준의 똘레랑스(소수자에 대한 관용)와 교양이 존재하는 도시로 알려져 있고 오스트리아 〈사민당〉의 근거지인 까닭에 일상생활에서 특별한 위협이 느껴진다던가 하는 일은 없다. 그럼에도 불구하고 실제 1992년 당시 한 여론조사에서 오스트리아 국민 응답자의 3분의 1 이상이 외국인에 대한 공포감을 숨기지 않았다. 인구 800만의 오스트리아에 외국인이 거의 100만이기에 '혐오스런 외국인'을 부르짖는 하이더에 동조하는 세력이 생기게 된 배경이 되었다. 하이더는 오스트리아 경제 침체와 대폭 늘어난 실업자의 원인은 외국인 노동자들이 너무 많이 들어왔기 때문이라고 주장하며, 노골적으로 외국인을 몰아내자고 선동했다.

2002년, 자유당은 내분을 겪었으며, 〈국민당〉과 〈자유당〉 연정은 붕괴되었다. 총선에서 〈자유당〉은 의석을 많이 잃었다. 2004년 지방 선거에서 케른텐 주에서는 승리하여 영향력을 잃지 않는 듯했으나, 하이더는 2005년 〈자유당〉을 탈당하고 새 극우정당인 〈오스트리아 미래연합〉을 창당했다. 〈오스트리아 미래연합〉은 2006년 총선에서 7석을 얻은 데 이어, 2008년 총선에서는 21석을 얻으며 선전했다. 그러나 총선 직후인 2008년 10월, 그는 교통사고로 갑자기 사망했다. 그의 사망은 불안한 정국 속에서 동정 여론을 일으켰고, 〈자유당〉과 〈미래연합〉 등 양대 극우정당의 통합 가능성도 제기되었을 정도로 오스트리아 정치 구도 변화에 새로운 변수로 작용했다.

6) 핀란드의 티모 소이니(Timo Soini)

소이니는 1988년에 헬싱키 대학교에서 정치 이론을 전공으로 정치학 석사를 취득했다. 그는 독실한 천주교 신자인데, 핀란드에는 천주교 성당의 숫자가 매우 적어서 아일랜드로 여러 차례 여행을 다니며 종교적 영향을 받은 것으로 알려져 있다. 이러한 소이니의 종교적 신념은 그가 낙태와 동성애를 반대하는 데 큰 영향을 미쳤을 뿐만 아니라, 교황의 반무신론주의 및 반공산주의가 그의 철학에 큰 영향을 끼쳤다. 그는 〈핀란드 농촌당(Finnish Rural Party)〉의 당원으로 활동하다가, 1992년부터 당이 해체된 1995년까지 서기장(Secretary General)을 역임했다. 또한 소이니는 〈진정한 핀란드인당(True Finns)〉을 설립했는데, 후에 이를 〈핀란드인당(Finns Party)〉으로 당명을 변경했다. 〈핀란드인당〉은 현재 의회에서 제1야당으로

스스로를 '중도보수정당'이라고 내세우고 있지만, 그리스 구제금융 반대, 세계기후변화협정 및 배출권 거래제도 반대, 반이민자 정책 등 극우 포퓰리즘 성향을 띠고 있다. 1997년에 그는 이 당의 의장(Chairman)이 되었고, 현재까지 그 직책을 유지하고 있다.

2003년에 소이니는 처음으로 핀란드 의회의 의원으로 선출되었고, 2006년도 핀란드 대통령 선거에서 〈진정한 핀란드인당〉의 대선 후보였다. 첫 번째 투표에서 그는 여덟 명의 다른 후보들 가운데 3.4%의 득표를 하여 5위를 차지했다. 2011년에 있었던 의회 선거에서 〈진정한 핀란드인당〉은 39석을 획득하여, 핀란드에서 세 번째로 큰 정당이 되었고, 소이니는 다른 후보들 가운데 가장 높은 개인 득표(43,437표)를 달성했다. 그는 4년 만에 〈핀란드인당〉의 지지율을 4.1%에서 19.1%로 끌어올렸고, BBC는 이러한 그의 성공을 "뛰어난 지략과 위트, 카리스마(brain, wit and charisma)"의 결과물로 평가했다. 교수이자 정치분석가인 얀 선드버그(Jan Sundberg)는 소이니의 웅변술과 연설 능력이 일반 국민들의 흥미와 관심을 끌었고, 복잡한 문제를 쉽게 보이도록 만들었다고 평가했다.

그는 미국에 자주 방문하여, 버락 오바마 대통령이 주최하는 국가조찬회의(National Prayer Breakfast) 등에 초청받았는데, 이는 교파를 초월하여 기독교계 지도자들이 나라와 민족을 위해 기도하는 모임이다. 폭스 뉴스(Fox News)와 같은 미국의 보수 언론 매체에 출연해 소이니는 유럽연합의 그리스 금융위기에 대한 긴급구제 조치를 부정적으로 평가했다. 또한 그는 세계 기후 변화 협정과 유럽에서의 배출권 거래 제도를 강력하게 반대했다. 2005년에 유럽연합이 배출권 거래 제도를 처음 도입했을 때, 그는 최근에 "환경세는 자기 무덤을 파는 것(Green taxes are like shooting yourself in the foot)"이라고 비판했다. 2015년에 있었던 의회 선거에서 핀란드인당은 38석을 얻으며 핀란드에서 〈중도당(Centre Party)〉 다음으로 가장 큰 정당이 되었다. 같은 해 5월에 〈중도당〉, 〈핀란드인당〉, 〈국민연합당(National Coalition Party)〉 사이의 연정 협상이 시작되었고, 소이니는 연합 정부의 부총리(Deputy Prime Minister)이자 외무부 장관으로 2015년부터 활동해오고 있다.

7) 호주의 폴린 한슨(Pauline Hanson)

폴린 한슨은 1954년 5월 27일에 노동자 집안에서 태어났다. 그녀의 아버지는 영국으로부터 이주해온 이민 3세대이다. 아버지는 카페와 바에서 일주일에 106시간 동안 일을 했다. 7명의 아이들을 두었고 노력해서 일하는 것의 중요성을 강조하며 집안일을 스스로 해나갈 수 있도록 교육시켰다. 폴린은 15살의 나이에 브리즈번의 학교를 중퇴하고 2년 후에 유럽에서 온 이민자와 결혼을 했다. 하지만 곧 이혼하고, 1980에 두 번째 결혼을 했으나 7년 후에 다시 이혼을 했다(Leser 2014). 한슨은 정치인이 되기 전에 퀸즐랜드에 위치한 한 음식가게(fish and chips)의 주인이었다.

한슨은 1993년도 선거에서 〈노동당〉의 스콧(Les Scott)에게 54.5% 대 25%로 패했는데, 1996년도 3월 선거에서 48.6% 대

39.4%로 스콧을 상대로 예상 밖의 승리를 얻게 된다. 당시 〈자유당〉에서 자신의 등록을 받아주지 않자 무소속으로 출마했는데 〈자유당〉에서는 한슨을 대신할 후보자가 없어 투표용지에는 〈자유당〉 출마자로 찍혀 나왔다. 이렇게 국회에 입성한 한슨은 1996년도 9월에 첫 국회연설을 했고 그녀의 연설은 미디어를 통해서 호주 전역에 퍼져나갔다.

한슨이 인기를 얻게 된 이유는 호주의 주류(백인) 시민들이 당시 하워드 정부의 정책에 대해 느끼던 피로감을 차마 말로 표현하지 못하고 있었는데 이를 대신해서 비판해주었기 때문이다. 200년 전 호주라는 국가 건설의 기반이 되어온 건 백호주(White Australia) 정책이라고 할 수 있다. 하지만 1970년대부터 호주 정부는 '다문화주의(multiculturalism)'와 이민에 대한 정책을 받아들이기 시작했다. 하워드 총리도 '정치적 올바름(political correctness)'이라는 원칙하에 인종, 종교, 민족에 관계없이 모두 평등할 권리가 있다는 정책을 이어갔는데 한슨이 주류로 일컬어지는 백인들의 목소리를 대변하여 국회에서 역차별을 역설하며 하워드 총리를 비판했다. 하워드 총리는 초기에 침묵을 지켰고 이것이 늑장 대응으로 비춰지자 한슨의 인기가 치솟게 되었다.

한슨의 연설이 TV 전파를 타면서 한슨의 인기는 미디어 이벤트로 불렸다. 그동안 여성 정치인들이 소수민족과 가난하고 소외 받는 계층을 위하고 보살피는 이미지였다면 오히려 한슨은 남성 정치인들에게서 보이는 강하고 분쟁을 두려워하지 않으며 야망이 넘치는 모습을 보여주었다. 이는 소위 평균 호주사람을 대변하는 것이 되었다. 그녀는 1997년 4월 〈한국가당(One Nation Party)〉이라는 정당을 창당해 1998년 6월 퀸즐랜드(Queensland) 주 선거에서 11석을 얻었다.

그러나 1998년 10월 연방선거에서 한슨은 자신의 선거에서 패배하면서 〈한국가당〉은 미궁에 빠지게 되었다. 이 정당은 내부적인 민주적 절차의 부재와 정당의 허술한 조직, 그리고 한슨의 독재적인 리더십과 인기영합주의적인 수사학이 문제가 되었다. 특히 독재적 스타일의 리더십은 풀뿌리 당원들과의 소통에 어려움을 만들었다. 또한 한슨의 낮은 교육수준과 정당의 전체주의적 성향도 문제가 되었다.

한슨의 날씬한 다리와 같은 성적 대상으로서의 이미지가 리더로서의 이미지로 자리 잡게 되는데 이것이 그녀의 카리스마를 대변하기도 했고 정당의 이미지로 비치기도 했다. 결국 2000년 2월 일부 당원들은 당을 떠나 〈도농연대(City and Country Alliance, ACC)〉라는 당을 만들면서 〈한국가당〉은 점차 쇠퇴하기 시작했다.

2014년 11월 13년 만에 한슨은 자신이 만든 정당에 돌아왔지만 0.02%의 득표를 하는 소수정당이 되었다. 한슨은 호주 국민이 그들의 인종과 색깔에 관계없이 평등해야함을 강조하며 다문화 반대, 외국인의 호주 땅 소유 반대, 공공시설문제, 자유무역협정 등으로 인해 호주국민들의 일자리를 뺏기는 것 등을 비판하며 정치행보를 이어나가고 있다.

8) 캐나다의 프레스톤 매닝(Preston Manning)

프레스톤 매닝은 1942년 6월 10일 캐나다 앨버타 주 에드먼튼의 정치가 집안에서 태어났다. 그의 아버지 어니스트 매닝은 앨버타 주의 〈사회신용당(Social Credit Party)〉 출신의 주지사로 1943년에서 1968년까지 상당히 긴 기간을 재임했다. 1970년에서 1983년 동안에는 캐나다 상원의원으로도 활동했다. 집안의 정치적 배경은 프레스톤 매닝의 인생에 지속적으로 영향을 미쳤다. 프레스톤 매닝은 앨버타 대학에서 경제학 학위를 받은 후, 3년간 아버지의 일을 도우며 정치 입문 수순을 밟았다. 그는 아버지의 뒤를 따라 포퓰리스트이자 복음주의 기독교인의 길을 걷기 시작했으며, 장년층을 위한 라디오 프로그램에서 설교를 한 적도 있다. 1965년, 〈사회신용당〉 연방 선거에서 탈락한 후 아버지를 도와 시장경제주의와 인도주의적 사회주의를 결합할 것을 주장한 『정치적 재편성 *Political Realignment*』이라는 책을 1967년에 출간했다. 그의 아버지가 정계에서 은퇴하자, 매닝은 에너지 사업 분야의 경영 컨설턴트로 진로를 바꾼다.

1987년에 프레스톤 매닝은 정치계로 다시 돌아온다. 경제적 정치적 패권을 서부 주로 가져오기 위한 목표를 세운 뒤 스탠 로버츠(Stan Roberts), 프랜시스 윈스피어(Francis Winspear)와 함께 〈개혁당(Reform Party)〉을 설립한다. 당시 매닝의 정책과 당의 캠페인에 조언을 주던 인물이 스티븐 하퍼(Stephen Harper)였는데 그는 훗날 캐나다의 수상이 된다. 〈개혁당〉은 재정 보수주의(fiscal conservatism), 포퓰리즘, 그리고 사회적 보수주의를 이념의 뿌리로 삼았다. 1988년 연방 선거 때 〈개혁당〉의 후보들은 모두 낙선했지만, 매닝은 1989년에 앨버타의 비버 리버(Beaver River) 지역 의회 의원으로 당선된다. 매닝은 불어를 잘 못했기 때문에 이로 인하여 다른 당의 공격을 많이 받기도 했다.

〈개혁당〉은 연방 주들 간의 균형과 민주적인 구성을 제창했으며, 모든 주들과 시민들은 평등하다는 것을 인지해야 한다고 주장했다. 매닝의 정책들은 포퓰리즘적인 요소와 보수주의적 요소를 고루 섞어놓은 것으로 평가된다. 특히, 매닝은 포퓰리즘을 "상식적인 사람들의 상식(common sense of the common people)"이라고 보았으며 공공정책에 대중이 더 많은 소리를 낼 수 있어야 한다고 주장했다.

1993년 연방 선거에서 매닝은 캐나다 하원에 서남 캘거리 의원으로 당선되었다. 이 선거에서는 〈개혁당〉 또한 대단한 성공을 거두었다. 52석이나 되는 의석을 차지한 것이다. 그 중 51석은 캐나다 서부 주에 속한 것이었다. 하루아침에 매닝은 강력한 우파 당의 수장이 되는 쾌거를 이루었다. 그러나 〈퀘벡블록당(Bloc Quebecois)〉이 퀘벡 주의 열렬한 지지를 받은 탓에 〈개혁당〉은 3석 차이로 안타깝게도 제2당이 되지 못했다. 〈개혁당〉은 1997년 하원 선거에서 두 번째로 많은 의석을 차지했고, 매닝은 최대 야당의 당수가 되었다.

그러나 매닝은 곧 그가 보수층의 표를 분산시켜 놓았다는 것을 깨달았다. 비록 〈개혁당〉은 온타리오 중심부의 지지를 받고 있었지만 매닝은 이대로는 〈자유당〉을 이길 수 없다는 것을 알았기에 2개의 보수당을 연합하는 작전을 펼쳤다. 결국에는 〈개혁당〉 출신 인사들을 대거 투입한 〈캐나다 연합당(Canadian Alliance)〉을 창당하기에 이른다. 그러나 2000년도 당내 선거에서 더 어리고 대담한 스톡웰 데이(Stockwell Day)에게 당수 자리를 빼앗기게 된다. 이듬해 매닝은 재선에 성공하고 2002년 1월까지 평의원 자격을 유지했다.

은퇴한 후 2003년에 매닝은 그의 정치생활을 회고한 책인 *Think Big: Adventures in Life and Democracy*를 출간했다. 그 이후로도 그는 정치정책에 관한 여러 저서를 냈으며, 보수주의와 환경보호를 통합한 녹색 보수주의(green conservatism)를 주장했다. 매닝은 2005년에 매닝 센터(Manning Centre for Building Democracy)를 개관하여 보수주의자들을 양성하고 보수주의 관련 포럼, 연구 등을 진행하고 있다. 2006년 앨버타 주의 〈진보보수당〉에서 당시 당수였던 랄프 클라인(Ralph Klein)의 자질을 시험하는 행사에서 클라인이 55%의 낮은 지지도를 보이자 자신도 앞으로의 선거에 참여할 수 있다는 의지를 언론에 비쳤다. 그러나 곧 당 대표 선거에 불참하기로 하고, 가족들과 함께 시간을 보내며 매닝 센터를 통해서 정치계에 영감을 주고 싶다는 의사를 밝혔다. 매닝은 현재 매닝 센터에서 정치계와 가까운 거리를 유지하며 다양한 정책을 제시하고 있다.

II장

안철수:

변혁의 리더인가,
포퓰리스트인가?[1]

1. 문제의 제기

2012년 대선에서 안철수 현상은 강력했다. 이는 안철수가 변혁의 리더였기 때문인가, 아니면 포퓰리스트였기 때문인가? 안철수 현상은 노무현 현상과 어떻게 다른가?

많은 이들이 안철수와 안철수 현상을 구분해야한다고 주장하지만(조희연·이창언 2013) 둘은 지도자와 추종자의 관계에서 일어난 현상으로 불가분의 관계에 있다고 생각한다. 언론은 예년의 제3후보와는 달리 이례적으로 많은 보도를 쏟아냈다. 우리나라의 언론, 특히 상당수의 신문은 이념적 지형에 따라 진보와 보수의 양

•••

1 II장은 "안철수 현상에 대한 진영언론의 담론 평가: 변혁의 리더십 혹은 포퓰리즘?" 『의정논총』(2015)에 실린 논문을 I장과 중복되는 부분을 삭제하고 일부 수정하여 재사용한 것이다.

진영으로 분열되어 있다. 이들이 서로의 정치적 목적을 강화하기 위한 의도로 프레임을 만들고 같은 현상을 다르게 해석하는 정파적 언론이라는 점은 이미 많은 연구결과가 보고하고 있다(김정아·채백 2008; 임양준 2009; 2013; 임미영 외 2010; 임순미 2010a 2010b; 2011; 2012; 박기수 2011; 이현숙 2013; 주영기 2013; 이소영 2014; 김준철 2015). 안철수 현상에 대한 보도도 예외가 아니었다.

언론은 안철수 현상을 어떻게 보았을까? 안철수에 대한 보수와 진보언론의 보도 양태를 두 시기로 나누어 분석한 임순미(2012b)의 연구결과에 따르면 《조선일보》와 《동아일보》는 인기영합자 이미지와 자질유무 보도가 주를 이루었고, 《경향신문》과 《한겨레신문》은 미덕가 이미지, 지도자 이미지가 강조되었다고 한다. 1기는 서울시장 선거를 앞둔 안철수의 등장과 퇴장의 6일간의 기간이고 2기는 서울시장 선거일 전후로 이루어진 안철수의 기부행위와 관련된 2011년 10월 1일부터 12월 31일까지의 두 시기를 검토했다.

《경향신문》이 1기, 2기 모두 긍정적인 프레임을 사용했다면 《한겨레신문》은 초기에는 보도 자체를 자제하는 분위기였으나 2기에는 지도자 이미지에 지면을 집중적으로 할애했다고 한다. 《조선일보》와 《동아일보》는 1기에는 (안철수가 어느 편에 유리한지 분명하지 않자) 부정적인 기조를 띠면서도 탐색과 모색의 기간으로서 관망하는 자세였으나 2기에는 본격적으로 부정·공격의 전략을 사용했다고 한다. 반면 《경향신문》과 《한겨레신문》은 긍정·옹호 전략을 자신들의 프레임으로 선택했다고 평가한다. 우리 언론이 다른 쟁

점에 대한 보도와 마찬가지로 안철수에 대한 보도에서도 진영논리에 따라 정파적인 프레임을 만들고 정치적 목적을 이루기 위한 보도로 일관했음을 알 수 있다.

이에 II장에서는 최근 발간된 안철수 현상에 대한 체계적 연구결과를 종합함으로써 보수언론과 진보언론의 담론 중 어느 쪽이 사실에 더 가까웠는지 검증하고자 한다. 보수언론의 주장대로 안철수는 포퓰리스트였는지, 아니면 진보언론의 주장대로 미덕과 리더십을 갖춘 새 정치의 아이콘이었는지 분석해보고자 한다. 사실 안철수에 대한 학자들의 연구나 논평도 언론의 프레임처럼 양분되어 있다. 안철수를 정치혁신의 아이콘으로 평가하는 논평과 논문이 존재하는 반면(정해구 2011; 박홍규 2013), 안철수의 인기 요인이 후보에 대한 호감에 있다는 연구결과(이상신 2012; 안종기 2015)는 안철수의 포퓰리스트적 면모를 간접적으로 지지하는 증거이기도 하다. 안철수 현상은 대다수 학자나 안철수 캠프가 주장하는 것처럼 정당 불신에 의해 추동되지 않았으며(조기숙 2015a), 오히려 민주당을 신뢰하고 지지하는 당파적인 유권자로부터 지지를 받았다는 연구(강원택 2013b)도 안철수 현상이 잘못 해석되었음을 시사한다. 이처럼 학자들의 주장도 언론과 마찬가지로 양분돼 있다. 이 장에서는 안철수가 변혁의 리더로서 새로운 정치의 아이콘인지 포퓰리스트인지 변별해보고자 한다.

먼저 포퓰리스트와 변혁의 리더를 감별할 수 있는 분석틀을 제시하고 경력, 정치운영방식, 지지기반, 레토릭, 리더십 등 다섯 가지 차원에서 안철수는 어느 쪽에 더 가까운 인물인지 살펴보고자 한다. 만일 안철수가 혁신적 리더에 가깝다면 대의제 민주주의에 약이 될 것이고, 포퓰리스트에 가깝다면 대의제 민주주의에 독이 된다고 결론내릴 수 있을 것이다. 노무현 전 대통령도 보수 언론으로부터는 포퓰리스트, 지지자들로부터는 혁신가로 명명되었다. 분석틀의 유용성을 검증하기 위해 두 사람을 비교해볼 것이다. 포퓰리스트는 이념적으로 좌파, 중도, 우파를 포괄하기 때문에 감별이 쉽지 않다. 그럼에도 불구하고 포퓰리스트의 특징을 전형적으로 보여주는 건 레토릭과 리더십임을 앞에서 밝힌 바 있다. 언론을 통해 투영된 안철수의 이미지가 아니라 안철수의 출마 선언문과 사퇴 선언문, 인터뷰 등에 직접화법으로 나타난 안철수의 레토릭을 박근혜, 문재인 두 후보의 출마 선언문과 비교함으로써 안철수가 다른 후보에 비해 변혁의 리더와 포퓰리스트 중 어느 쪽에 더 가까운지 분석하고자 한다.

이를 위해 2절에서는 포퓰리스트의 특징과 변혁의 리더를 구분하기 위해 필자가 구성한 분석틀을 제시한다. 포퓰리스트와 변혁적 리더를 비교하는 분석적 틀은 위에서 소개했던 다양한 학자들의 포퓰리즘 주장을 종합해서 필자가 만들었다. 변혁의 리더에 대한 틀은 맥그리거 번스(McGregor Burns 2003)의 변혁적 리더십(Transforming Leadership)에 제시된 리더의 특징을 요약해서 만들었다. 3절에서는 안철수와 노무현을 비교한 결과를 제시한다. 4절에서는 레토릭 분석의 방법을 제시하고 여기에 기초해 박근혜, 문재인, 안철수의 수사학을 비교한 결과를 보여준다.

2. 변혁의 리더와 포퓰리스트 감별법

정치를 잘 모른다는 세간의 비판에 대해 안철수는 새로운 정치를 위해서는 기존의 정치문법을 따를 수 없다고 강변했다(윤희웅 2011; 김아람 2013). 사실 전문가나 언론인도 포퓰리스트와 변혁적 리더를 종종 헷갈리는 경향이 있다. 둘은 대중의 열광적 지지를 받는다는 점에서 닮은 점이 있다. 기존의 관행과 정치방식을 혁신하려고 한다는 점에서나 기득권층과 특권층에 대한 적대감을 표현한다는 점에서도 유사하다. 이 때문에 노무현 전 대통령은 보수언론뿐만 아니라 정치학자로부터도 포퓰리스트라는 공격을 받았다(김일영 2011). 실제로 정해구(2011)는 안철수에게서 노무현이 강조했던 시민정치의 부상을 예견하기도 했다. 안철수는 2014년 지방선거에서 기초선거 무공천을 주장하며 "노무현 전 대통령이 한 것처럼 여러 어려움을 정면돌파해야 한다"고 말하기도 했다(손가영 2015; 디지털뉴스팀 2014). 실제로 포퓰리스트가 대의제를 우회해서 국민의 직접 참여, 주민투표 등을 강조하는 경향이 있어서 포퓰리즘을 연구하는 학자들조차도 시민의 정치 참여와 포퓰리즘을 헷갈리는 경우가 있다.

대부분의 현대 정치인은 입만 열면 국민을 외치고 그게 득표에 도움이 되는 것도 사실이다. 즉, 전략으로서의 포퓰리즘은 매우 빈번하게 관찰된다고 할 수 있다. 따라서 수사학만으로 포퓰리스트라고 단정하기는 어렵다. 박근혜 대통령은 후보시절 연설에서 국민을 세 후보 중 가장 많이 언급했으며 국민행복이 선거캠페인의 주제어이기도 했다. 노무현 대통령도 기득권에 대한 반감을 표시하기도 했고 이명박 대통령은 말단 직원에서 시작해 성공한 CEO의 모습을 부각시키기도 했다. 카터 대통령은 시골의 땅콩농장 출신의 국외자(outsider) 모습을 부각시키는 선거운동으로 당선되었다(Taggart 2000). 이들 정치인들은 오랫동안 제도권 정치에서 활동한 사람들이기 때문에 이들의 수사는 운동으로서의 포퓰리즘이라기보다는 전략으로서 활용했다고 할 수 있다. 반면, 포퓰리즘은 비정치인으로서의 인기를 바탕으로 정치인으로 변신하는 사람에게서 발견되는 경향이 많으며, 바로 이 점이 위에서 설명했듯이 폭발력을 갖게 되는 이유이기도 하다.

그러나 포퓰리스트와 혁신가는 출신 배경부터가 다르다. 프랭클린 루즈벨트 대통령처럼 정치권에서 오래 검증된 인물이 혁신가로 등장하는 반면, 비정치권에서의 인기를 바탕으로 갑자기 정치를 시작하는 사람은 포퓰리스트가 되는 경향이 있다. 물론 기존 정치인 중에서도 포퓰리스트가 있지만 큰 인기를 얻지는 못한다. 정치인보다 비정치인이 포퓰리스트가 되었을 때 더 큰 인기를 누리는 이유는 과거의 잘못된 정치에 대한 부채가 없으므로 현실정치 비판에 더 설득력을 발휘하기 때문이다(Cho 2015). 많은 학자들이 로스 페로의 인기는 정치 불신자들이 추동했다고 주장했지만(Peterson and Wrighton 1998) 실제로 캠페인이 시작되기 전까지는 페로 지지자와 다른 후보 지지자 사이에 정치 불신에 있어서 의미있는 차이가 없었다고 한다. 오히려 워싱턴을 부패하고 무능하다고 비판한 페로의 캠페인이 지지자들을 정치 불신자로 만들었다고 한다(Koch 1998). 페로가 그의 지지자를 정치 불신자로 만들만큼 인기를 누리게 된 것은 잘못된 정치에 대한 책임이 없기에 그의 정치권에 대한 공격이 설득력을 발휘했기 때문일 것이다.

포퓰리스트는 관료제와 같은 일상적인 정치를 거부하고 조직의 풀뿌리 지지자와 리더 자신을 연결하기 위해 강력하고 사인화된(personalized) 리더십을 강조하는 경향이 있다(Conovan 1999). 특히 포퓰리스트는 동질적인(homogeneous) 국민의 의지가 대변될 수 있다고 가정하기 때문에 국민을 앞세운다. 이 때문에 정치운영 방식에 있어서 포퓰리스트는 대의제에 대해 부정적이거나 적대적이며 지도자 자신에 초점을 맞추는 경향이 있다. 반면 혁신가는 국회나 정당 등의 매개집단을 혁신함으로써 지속가능한 제도의 수립에 보다 많은 관심을 갖는다.

포퓰리스트에게서 가장 잘 드러나는 특징이 레토릭과 리더십이다. 이들은 풀뿌리 대중과의 관계를 역설하면서도 막상 의사결정에 있어서는 민주적이라기보다는 권위주의적이거나 독재적인 특징이 있다(Taggart 2000). 의사결정은 전문가로 이루어진 공조직 중심이 아니라 가까운 친구로 만들어진 폐쇄적인 사조직에서 이루어지는 경향이 있다. 반면 혁신가는 가치지향이 강하다. 번스(2003)는 변혁적 리더는 가치와 도덕성에 기초해 대중을 설득하고 열정을 불러일으킨다고 말한다.

이 때문에 양자는 지지기반에서도 차이를 보인다. 앞에서 설명했듯이 포퓰리스트 리더는 정치에 관심이 없거나 정치 냉소적인 사람, 혹은 반정치적인 사람들이 비정치인의 등장에 열광하면서 탄생하기 때문에 이들이 핵심적 지지기반이라고 할 수 있다. 많은 이들이 안철수나 페로의 공은 정치에 관심을 갖지 않던 사람들이 정치에 관심을 갖게 해준 것이라고 하지만 포퓰리스트 연구가들은 이것이 민주주의에 얼마나 위험한 것인지 경고하고 있다. 포퓰리스트가 무책임한 공약으로 인기를 얻게 되면 기존 정당의 후보들도 할 수 없이 따라가는 경향이 있다. 그렇게 되면 장기적으로 공익에 손해가 되는 정책과 담론이 그 사회를 지배하게 되기에 민주주의에 해악이 된다는 것이다(Krouwel and Abts 2007).

반면 번스(2003)는 정치변혁은 대중과 함께 아래로부터 온다고 주장한다. 변혁의식이 높은 대중은 현실정치의 틀에서 혁신을 해야 하는 리더에 실망해 리더보다 앞서 나가는 대중에 의해 리더는 심각한 비판과 위기에 처하게 된다고 주장한다. 이것이 번스의 패러독스이다. 이는 혁신적 리더는 정치 참여의식이 높은 비판적 시민(Dalton 2008)의 지지를 받는다는 의미로도 해석이 가능하다. 결론적으로 양측의 지지자들은 정치적 관심, 참여, 이해도 등에서 차이를 드러내는데 비판적 시민이 정치 냉소주의자에 비해 모든 항목에서 높은 관여를 보인다.

포퓰리스트를 감별하는 가장 쉬운 방법은 그의 레토릭을 살펴보는 것이라고 앞에서 설명한 바 있다. 이는 세 가지 특징으로 정리되는데 1) 동질적인 국민 의지의 존재를 가정, 2) 기득권과 제도에 대한 불신과 지도자 개인에 의지하는 정치의 사인화, 3) 마지못해 소명의식으로 정치를 시작하기 때문에 권력의지에 대한 양면적 태도라고 할 수 있다.

반면 변혁적 리더는 사회의 첨예한 갈등을 해결하기 위해 등장하므로 매우 갈등적인 인물이 되는 경향이 있다. 번스(2003)는 변혁적 리더는 갈등의 지배자이자 희생자라고 말한다. 링컨, 케네디, 마틴 루터 킹의 생애는 엄청난 갈등 속에서 사회를 변화시켰지만 결국 그 갈등에 의해 죽임을 당했다. 혁신가는 아래로부터의 변혁을 강조하기 때문에 추종자들에게 힘을 실어주는 것(empowerment)을 매우 중요하게 생각한다. 국민에게 힘을 실어준다는 건 시민권을 비롯하여 보통 사람들의 정치적 권한의 확대를 의미한다. 또한 혁신가는 가치 중심의 비전을 통해 추종자를 움직이기 때문에 가치와 도덕성을 체화함으로써 스스로 모범을 보이기 위해(lead by example) 노력한다. 이상의 분석틀은 〈표 2-1〉과 같이 정리할 수 있다. 아래 〈표 2-1〉에서 알 수 있는 것처럼 혁신가와 포퓰리스트는 표면적으로는 몇 가지 유사점이 있는 것처럼 보이지만 사실상 여러 면에서 매우 대조적이다.

〈표 2-1〉 포퓰리스트와 혁신가를 비교하는 분석틀

정치인의 종류	포퓰리스트	새정치의 아이콘(혁신가)
경력	비정치인의 정치인으로의 변신 혹은 기존 정치인의 돌변	정치권에서 검증된 인물
정치운영방식	정치의 사인화(私人化)	제도에 의한 정치
리더십	사적인 신화에 기초 폐쇄적 사조직 중심, 권위주의적	가치 중심의 비전과 도덕성 민주적
지지기반	정치 냉소주의자 비정치적(apolitical) 유권자	비판적 시민(Critical Citizen) 번스의 패러독스

수사(rhetoric)	▪동질적인 국민 상정 ▪제도에 대한 불신 ▪모호한 권력의지(소명의식 강조)	▪갈등의 지배자이자 희생자 ▪아래로부터의 변혁(em-powerment) ▪스스로 모범을 보임(lead by example)

3. 안철수와 노무현 비교 결과

위에서 제시한 분석틀에 기초해 안철수와 노무현을 비교해보았다. 양자의 유사점은 국민과 함께 하는 협치를 하겠다는 것, 수사에 있어서 기득권 세력에 대해 적대감을 보인다는 것에서만 공통점을 찾을 수 있었다. 안철수의 협치가 국민을 중심에 둔다면 노무현은 정부와 시민단체 국회 등 중간집단을 강조한다는 차이가 있다. 협치를 대표적으로 보여주는 게 참여정부의 각종위원회인데 노무현은 위원회공화국이라는 비난을 들을 만큼 위원회를 정책결정의 중심으로 삼았다. 그 외에 안철수는 모든 면에서 노무현과는 대척점에 있음을 알 수 있다. 안철수가 전형적인 포퓰리스트의 특징을 띤다면 노무현은 변혁의 리더의 특징에 더 가까운 것으로 보인다.

우선 안철수는 출마 시 정치 경험이 전무했으며 노무현은 대통령이 되기 전 국회와 원외에서 15년의 정치경력을 쌓았다. 안철수는 국민과 전문가의 역할을 강조하는 반면 노무현은 정치제도를 중심으로 한 협치의 시각을 보여준다. 안철수는 개인적 매력에 의해 유권자의 지지를 받았을 뿐만 아니라(이상신 2012; 안종기 2015) 정치 운영방식에 있어서도 리더 개인의 역량과 선의에 초점을 맞추는 경향이 있다. "저는 세상을 움직이는 것은 진심이라고 생각합니다. 진심의 정치를 하겠습니다"라는 그의 출마 선언문에 나타난 것처럼 그의 캠프 이름도 "진심캠프"였다. 반면 노무현은 대통령에 취임하기 전부터 선거제도 개혁, 책임총리제, 원포인트 개헌 등 끊임없이 제도의 개혁을 강조해왔다.

대선 당시 안철수 캠프의 상황실장을 맡았던 금태섭은 최근 펴낸 책에서 안철수의 포퓰리스트적 리더십의 특징을 단적으로 보여주는 증언을 했다. 공조직을 무력화시키고 안철수의 최측근인 박경철이 의사결정을 좌우했다는 것이다. 안철수 캠프는 출마 선언문도 후보가 직접 썼다는 점을 홍보할 만큼 후보 개인기에 의지하는 모습을 보여주었다. 전문가의 조언에 기초해 캠프의 공조직에서 이루어져야 할 의사결정이 폐쇄적인 이너서클에서 일어난 것이 많은 이들이 캠프를 떠나게 만든 결정적인 이유라는 금태섭의 증언(심혜리·조미덥 2015)에 따르면 안철수의 리더십이 민주적이라기보다는 폐쇄적이며 포퓰리스트의 리더십과 닮아있다고 할 수 있다.

반면 노무현 전 대통령은 자신의 목숨을 버릴 만큼 도덕성을 중시했던 것으로 유명하다. 임순미(2010a)는 노무현 대통령 당시의 신년연설을 분석한 후 탈물질주의적 가치지향이 뚜렷하게 나타난다고 주장한다. 대통령 출마연설에서 "반칙을 하지 않고도 성공하는 사례를 보여주겠다"는 부분도 가치지향의 예라고 할 수 있다. 혁신적 리더의 특징은 국민에게 힘을 실어주는 것인데 노무현은 권력을 국민에게 돌려드리겠다는 구호 아래 4대 권력기관의 중립화, 지역분권 등 권력분산을 실천했다.

〈표 2-2〉 안철수와 노무현의 특징 비교

정치인	안철수	노무현
경력	CEO	정치경력 15년
행위의 주체	"현명한 국민과 전문가가 답을 가지고 있다." 협치, 국민과 함께 하겠다.	협치(정부, 시민단체, 의회 등)
정치운영방식	"저는 세상을 움직이는 것은 진심이라고 생각합니다. 진심의 정치를 하겠습니다."	선거제도 개혁 책임총리제 원포인트 개헌
리더십	박경철 및 측근 사조직이 의사결정 사퇴연설도 단독으로 함. 공적 조직의 소외	가치지향: 반칙을 하지 않고도 성공하는 사례를 보여주겠다. 국민에게 권력을 돌려주겠다.
지지기반	정치 냉소주의자 비정치적(apolitical) 유권자	노사모 등 비판적 시민(Critical Citizen)
수사(rhetoric)	▪"국민의 마음이 하나로 모아지면 좋겠습니다." ▪국회의원 정수 축소/기초공천폐지/정당국고지원금 줄이고 중앙당 폐지 ▪"저에게 주어진 시대의 숙제를 감당하려고 합니다." "국민 여러분께서 저를 불러주신 고마움과 뜻을 결코 잊지 않겠습니다."	▪"특권층이 아닌 보통사람, 일반국민의 자유와 인권, 민주주의의 확대로 이어졌습니다. (사회 갈등의 증가) ▪"대통령은 실패하더라도 국민은 성공하는 길로 나아가야 합니다." ▪"정부가 사용자 역할을 하고 있는 공공부문부터 솔선수범하겠습니다."

IV장에서 밝히겠지만 안철수 현상을 가져왔던 핵심적 지지기반은 전통적인 야당 지지자(강원택 2013b)와 정치 냉소주의자였다. 안철수 캠프의 주장과 달리 정치 불신자가 안철수 현상을 추동했다는 경험적 증거는 없다. 문재인 지지자들이 정치 관심이 높고, 변화에 대한 신념을 가지고 있으며, 투표율이 높은데 비해, 안철수 지지자들은 상대적으로 정치 관심이 낮은 편이고 사람이 바뀌면 정치가 변화할 것이란 신념도 낮으며 투표율도 낮은 것이 특징이다.

노 전 대통령의 지지기반은 노사모를 비롯한 탈물질주의자라고 할 수 있는데(조기숙·정태호 2012) 노사모는 우리 사회 최초의 개인주의, 탈물질주의로 이루어진 자발적 결사체라고 한다(김용호 2004). 탈물질주의자는 권위적인 것에 도전하며, 정치에 대한 관심이 높고 정치에의 자발적 참여가 적극적이며 투표율도 높은 특징이 있다. 이들의 정치 참여가 높은 이유는 자신들의 참여로 세상을 바꿀 수 있다는 믿음이 크기 때문이다. 안철수의 주요 지지층인 정치 냉소주의자들과는 대척점에 있다고 할 수 있다.

포퓰리스트의 결정적인 특징은 리더십뿐만 아니라 주로 수사학에서 찾을 수 있다고 앞에서 밝힌 바 있다. 뒤에서도 나오겠지만 대통령 후보들은 예외 없이 모두 국민이라는 용어를 즐겨 사용한다. 그러나 차이는 국민이 어떤 의미에서 사용되었느냐 하는 것이다. 안철수는 "국민의 마음이 하나로 모아지면 좋겠습니다"라는 출마 선언문 수사에 나타나듯이 국민을 동질적 생각을 갖는 집단으로 가정한다. 안철수의 대선 공약으로 내놓은 국회의원 정수 축소, 기초공천 폐지, 정당국고지원금 축소, 중앙당 폐지 등은 손호철로부터 포퓰리즘이라는 질책을 받았다(강민수·조재현 2012). 안철수 출마 선언문뿐만 아니라 후보 사퇴연설에도 포퓰리스트의 특징이라고 할 수 있는 소명의식이 등장한다. "저에게 주어진 시대의 숙제를 감당하려고 합니다." "국민 여러분께서 저를 불러주신 고마움과 뜻을 결코 잊지 않겠습니다."

반면 노무현은 사회적 갈등을 증가시켰다. 편가르기를 한다는 언론의 비판을 자주 들을 만큼 혁신적 리더의 전형적인 특징인 갈등적 인물이었다. 특권층에 대한 적대감을 표현한다는 비판도 자주 들었다. 또한 홈페이지를 폐쇄하며 마지막으로 올린 글에서는 "저는 실패하더라도 국민은 성공하는 길로 나아가야 합니다"라며 아래로부터의 변화를 기대했다. 신년연설에서는 "정부가 사용자 역할을 하고 있는 공공부문부터 솔선수범하겠습니다"라며 스스로 모범이 되고자 했다. 측근을 감옥에 보내면서 대선자금에 대한 검찰의 수사를 용인했던 것도 자신의 기득권을 버림으로써 모범이 되고자 했던 예라고 할 수 있다.

이상에서 안철수와 노무현의 특징을 비교해본 결과 여러 면에서 안철수는 혁신가보다는 포퓰리스트에 가까웠고 노무현은 포퓰리스트보다는 변혁적 리더에 더 가까운 것으로 보인다. 그럼에도 불구하고 국민을 강조하고 기존의 제도를 비판하는 건 대선 때만 되면 모든 후보에게서 흔히 나타나는 선거전략이 아니냐는 의문이 제기될 수도 있을 것이다. 실제로 한국의 유권자는 안철수의 경우에 좀 더 심하게 나타나기는 했지만 박근혜나 문재인의 경우도 이념이나 정책보다는 후보 개인의 선호가 후보에 대한 지지에 영향을 미치는 것으로 나타난다(이상신 2012; 안종기 2015). 미국에서도 대통령의 개인 이미지가 정책이나 업적보다 정부 신뢰에 더 큰 영향을 미친다고 한다(Citrin and Green 1986). 따라서 대통령이었던 노무현과 후보가 되지도 못했던 안철수를 비교하는 건 불공평하다는 비판이 제기될 수도 있을 것이다. 이에 다음 장에서는 안철수의 수사학을 박근혜와 문재인의 출마 선언문과 함께 비교하기 위한 방법론과 결과를 제시한다.

4. 박근혜, 문재인, 안철수의 수사학 비교

1) 수사학 비교의 방법론

정치인, 특히 대통령에 대한 수사학은 많은 학자들의 연구대상이었다. 뉴스테트(Neustadt 1990)는 대통령의 힘은 설득력에서 비롯된다고 주장한 바 있다. 그린슈타인(Greenstein 2000) 또한 대통령의 자질 중 하나로 '국민과의 의사소통 능력'을 꼽았다. 토론과 심의가 중요한 민주사회에서 말의 힘은 아무리 강조해도 지나치지 않다. 특히 포퓰리스트 리더와 변혁적 리더의 인기와 카리스마는 리더의 레토릭에서 비롯된다. 이 때문에 포퓰리스트 리더를 구분하는 가장 중요한 특징이 레토릭에 있다고 많은 학자들이 주장했던 것이다.

임순미(2010a)의 문헌연구를 살펴보면 역대 미국 대통령이나 우리나라 대통령에 대한 수사학 연구는 어느 정도 축적된 편이다. 아직까지는 박정희 대통령에 대한 연구가 가장 많으며 노무현 대통령에 대한 연구가 최근 몇 편 나온 바 있다. 여러 대통령을 비교한 것도 상당수 있고 사례 분석한 것도 있다. 대부분의 연구는 대통령의 이념이나 정책, 공약, 가치를 다루고 있다. 위기 상황에서의 대통령의 담화를 연구한 것도 있고 연설 분석을 통해 레토릭과 권력관계, 연설을 통한 대통령의 정체성 분석 등이 존재한다. 그러나 대통령 후보에 대한 연구는 대부분 선거캠페인이나 TV토론에 집중되어 있고 후보자의 수사학에 대한 연구는 미비한 편이라고 한다.

이 절에서는 대통령 후보의 수사학에 어느 정도 포퓰리즘적 특징이 드러나는지 살펴보고자 한다. 언론학이나 언어학 쪽에서는 수사학 이론이 상당히 체계적으로 이루어져 있다. 그러나 여전히 해석에 있어서는 주관이 많이 개입되는 것을 피하기 어려워 보인다. 가령, 본고는 "저에게 주어진 시대의 숙제를 감당하려고 합니다"라는 안철수의 연설이 포퓰리스트의 전형적 특징으로 분석하지만, 언어학자 권익수(2012)는 자애로운 부모상과 수평적 소통을 강조하는 진보의 가치가 드러난 성공적 연설로 찬사하고 있다. 따라서 수사학 연구는 주관성과 임의성을 배제할 수 없는 한계가 있어 다양한 시각의 연구를 통해 상호주관성(inter-subjectivity)을 확보하는 과정으로 이해하면 좋을 것 같다.

본고는 본격적인 수사학적 분석을 목적으로 하기보다는 가능한 한 단순하게 안철수 후보의 출마 선언문을 박근혜, 문재인 두 후보와 비교하여 텍스트 분석을 실시했다(변휘 2012; 최병성 2012; 민지연 2012).[2] 첫 번째 방법은 각 연설에서 국민이라는 단어가 몇 번 나왔는지 횟수를 세고 전체 연설에 사용된 단어 중 몇 퍼센트를 차지하는지 비율을 살펴보았다. 두 번째로는 국민이 사용된 맥락을 비교했다. 같은 국민이라도 국가와 대비되는 개인으로서의 개념을 강조할 수도 있고 포퓰리스트처럼 동질적인 국민을 상정할 수도 있을 것이다. 따라서 단어가 사용된 맥락은 국민이라는 단어 그 자체보다 매우 중요하다. 세 번째로는 정치제도에 대한 생각을 살펴보았다. 제도의 혁신이나 개선에 더 관심이 있는지 정치를 사인화하는 경향이 있는지를 분석하면 후보가 포퓰리스트인지 아닌지를 감별하는 하나의 좋은 방법이 될 것이다. 또한 비판의 대상이 포퓰리즘이 적대의 대상으로 삼는 기득권인지 아닌지 살펴보았다. 마지막으로 권력의지가 책임의식에서 비롯되는지 국민으로부터 부

•••

2 이 부분이 『의정논총』에 투고되었을 때 익명의 심사위원이 출마 선언문과 사퇴 선언문만으로 포퓰리스트를 진단할 수 있는지 샘플링의 문제를 제기했는데 이는 타당한 지적이다. 그러나 출마 선언문과 사퇴 선언문은 안철수의 연설 중 가장 중요한 연설이라 대표성이 있다고 판단되며 특히 두 연설만으로도 안철수는 포퓰리스트의 특징 세 가지를 전형적으로 보여주고 있기에 더 많은 연설의 샘플이 필요하지 않다고 생각된다. 포퓰리스트는 수사학적 빈도를 측정해서 판단하기도 하지만 수사학적 특징을 드러냈는지 여부에 따라서도 판정이 가능하기 때문이다.

름을 받았다는 소명의식에서 나오는지도 검토했다. 위의 사인화 대제도나 권력의지의 텍스트를 비교할 때에는 화자가 전달하고자 하는 프레임을 찾아 비교해보았다.[3]

2) 출마 선언문에 나타난 "국민"에 대한 수사학 비교

분석 결과를 살펴보면 우선 각 후보의 연설에 사용된 단어 수는 〈표 2-3〉에 나타난 것처럼 박근혜 1,378개, 문재인 1,997개, 안철수 898개로 문재인의 연설이 가장 길고 그 뒤를 박근혜가 따르며 안철수의 연설은 비교적 짧은 것으로 나타났다. 사용된 '국민'이란 단어 수는 80개(5.8%), 21개(1.1%), 22개(2.5%)로 숫자나 비율은 박근혜가 가장 많고, 개수로는 문재인과 안철수가 비슷하지만 비율로는 안철수가 문재인보다 두 배 정도 많다. 사실 국민이란 단어의 사용 빈도나 비율보다 더 중요한 것은 그 단어가 어떤 맥락

〈표 2-3〉 출마 선언문에 나타난 대선후보의 '국민' 단어 수와 비율

(필자가 구성)

후보자	박근혜	문재인	안철수
전체 단어 수	1,378	1,997	898
'국민' 단어 수	80/1,378 (5.806%)	21/1,997 (1.052%)	22/898 (2.450%)

3 프레임에 대한 자세한 논의는 레이코프(Lakoff) 2006, 임순미 2011 참조.

에서 사용되었느냐 하는 것이다.

세 후보의 연설문 중에서 포퓰리스트 레토릭의 세 가지 주제에 따라 텍스트를 분류하고 국민과 관련된 텍스트는 그것이 사용된 맥락을 해석해보았다. 우선 첫 번째로 국민에 대한 세 후보의 생각을 〈표 2-4〉에 비교해보았다. 박근혜는 '국민'이라는 용어를 가장 많이 사용했지만 주로 국가와 대비되는 개념으로서 개인

〈표 2-4〉 '국민'에 대한 박근혜, 문재인, 안철수의 수사학

정치인	국민에 대한 텍스트	맥락
박근혜	국민 한 분 한 분의 꿈이 이루어지는 행복한 대한민국을… 국민 모두가 각자의 꿈을 이룰 수 있는 대한민국을 만드는 길에 저의 모든 것을 바치는 것이라 생각합니다. 단 한명이라도 포기하지 않고 같이 갈 것입니다. 이제 근본적인 변화가 필요합니다. 무엇보다 국정운영의 기조를 국가에서 국민으로 바꿔야 합니다.	개인주의
박근혜	개인의 창의력이 중요한 지식기반사회에서는 국민 한 사람, 한 사람이 중요한 시대이고 국민 개개인이 행복해지고 자신의 잠재력과 끼를 최대한 발휘할 수 있어야만 국가가 발전할 수 있습니다	개인주의
문재인	오늘 저 문재인은 우리나라를 우리 모두의 나라로 선언합니다.	집단주의
	국가비전 역시 국민의 마음속에 있었습니다.	사인화
	국민의 마음에서 길을 찾는 우리나라 대통령이 되겠습니다. 우리 모두가 주인인 진정한 우리나라 대통령이 되겠습니다	집단주의
안철수	이것이 바로 국민들이 원하는 덧셈의 정치, 통합의 정치라고 저는 생각합니다. 이번 선거 과정부터 국민의 생각이 하나로 모아지는 첫걸음을 시작했으면 좋겠습니다. 이번 선거를 통해 새로운 변화를 원하는 국민의 마음이 하나로 모아지면 좋겠습니다.	동질의 국민의지 전제

주의의 차원에서 사용했다. 자신이 대통령이 되려는 이유가 국가에서 국민으로 패러다임의 전환을 이루기 위해서라며 뚜렷한 시대정신을 보여주고 있다. 아버지인 박정희의 국가주의 시대를 넘어 개인 하나하나의 행복을 추구하는 국민 중심의 나라를 만들겠다는 게 박근혜의 출마 선언에 나타난 생각이다. 이는 단일한 생각을 갖는 포퓰리스트의 국민과는 가장 거리가 멀다고 할 수 있다.

반면, 문재인은 우리나라 대통령이라는 집단주의적 용어를 사용해 문화적으로 박근혜가 진보, 문재인이 보수적으로 보이도록 자리를 잡았다. 안철수와 마찬가지로 국가비전 역시 국민의 마음속에 있다는 표현으로 사인화의 특징뿐만 아니라 동질적인 국민의 의지가 존재함을 가정해 미약하게나마 포퓰리스트의 면모를 보였다. 동질적 국민의 의지를 가정하는 포퓰리스트의 면모는 안철수의 출마 선언문에서 "국민의 생각이 하나로 모아지는 첫걸음을 시작했으면 좋겠습니다"라는 표현에 가장 분명하게 드러난다. 마치 자신이 원하는 게 국민이 원하는 것이라는 가정(이것이 바로 국민들이 원하는 덧셈의 정치, 통합의 정치라고 저는 생각합니다)도 내포하고 있다.

3) 정치의 사인화와 제도존중에 대한 수사학 비교

〈표 2-5〉 정치의 사인화, 비판대상에 대한 세 후보의 수사학

정치인	정치의 사인화, 비판대상에 대한 텍스트	프레임
박근혜	그런데도 지금 우리 정치는 국민들에게 절박한 이런 삶의 문제가 아니라 민생과 상관없는 정쟁과 비방에만 몰두하고 있습니다. 정치가 국민을 안심시키기는커녕 오히려 안보까지 걱정하게 만들고 있습니다.	여야갈등구조 정쟁구도
	그동안 정권이 여러 번 교체되었지만 국민들의 불안은 나아지지 않았습니다. 국가는 발전했고 경제는 성장했다는데 나의 삶은 나아지지 않았고, 나의 행복은 커지지 않았습니다.	전정권 모두(이명박정권 포함)와 차별화
	이렇게 시대의 요구는 바뀌었는데 지금 정부가 지향하는 정책과 패러다임은 과거방식 그대로입니다. 이제 국정운영의 패러다임을 국가에서 국민으로, 개인의 삶과 행복 중심으로 확 바꿔야 합니다!	패러다임의 변화 혁신
문재인	소수 특권층의 나라가 아니라 보통사람들이 주인인 '우리나라', 네 편 내 편 편가르지 않고 함께 가는 우리나라, '우리'라는 말이 조금도 부끄럽지 않은, 진정한 '우리나라'의 대통령이 되겠습니다.	집단주의
	소수의 부유층과 대기업의 창고는 황금으로 가득 차지만, 대부분 보통사람들은 취업불안, 주거불안, 고용불안, 건강불안, 노후불안 등 불안을 이불처럼 덮고 매일 잠자리에 들어야 합니다.	소수 부유층/대기업 배제
	부자와 강자의 기득권 지켜주기에 급급한 정치가 사람들에게서 희망을 앗아가 버렸기 때문입니다.	부자와 강자의 기득권
안철수	이미 현명한 국민들과 많은 전문가들이 요소요소에서 각자가 역할을 하는 커다란 시스템을 이루고 있습니다. 그 속에 이미 답이 있습니다.	전문가/사인화

안철수	국민들의 민의를 반영하지 못하는 정치 시스템, 빈부격차가 심해지고 일자리를 창출하지 못하는 경제 시스템, 계층 간의 이동이 차단된 사회 시스템, 공정한 기회가 부여되지 않는 기득권 과보호구조, 지식산업시대에 역행하는 옛날 방식의 의사결정구조, 이와 같은 것들로는 미래를 열어갈 수 없습니다	시스템에 대한 불신
	정치가 이래서는 안 된다는 겁니다. "문제를 풀어야 할 정치가 문제를 만들고 있다"고 하셨습니다. "국민들의 삶을 외면하고 국민을 분열시키고, 국민을 무시하고, 서로 싸우기만 하는 정치에 실망하고 절망했다"고 하셨습니다.	정치 불신
	저는 세상을 움직이는 것은 진심이라고 생각합니다. 진심의 정치를 하겠습니다.	사인화
	사람의 선의가 가장 강력한 힘이 될 수 있다는 것을 국민 여러분과 함께 증명하려고 합니다	사인화
	더 이상 이대로는 안 됩니다. 국민들은 이제 정치부터 바꿔야 한다고 이야기하십니다.	정치 불신

다음은 포퓰리스트 수사학의 두 번째 특징이라고 할 수 있는 반제도/사인화에 대한 생각과 타도의 대상을 비교해보았다. 박근혜는 이명박까지를 포함한 전 정권을 모두 반대의 대상으로 삼았다. 정치 불신의 원인이 정쟁에 있는 것처럼 발언함으로써 민주당과 각을 세우는 양분작전을 사용했다. 특히 안보불안을 거론함으로써 NLL 관련 정상회담 기록을 선거전에 이용할 의지를 내비쳤다. 선거는 편을 가르는 게임이라고 한다. 다수가 나를 지지하도록 편을 가르는 게 선거전략의 핵심이라고 할 수 있다. 박근혜는 반대의 대상이 야권임을 분명히 함으로써 진영대결의 선거전략을

구사했다. 특히 국가에서 국민으로 패러다임의 변화를 자신이 하겠다며 이명박 정권을 포함한 과거의 모든 정권과도 각을 세웠다. 선거 결과 국민이 이명박 정부의 과오에 대해 책임을 묻지 않고 박근혜를 당선시킨 데에는 이러한 선거전략과 일관된 박근혜의 정치적 선택이 영향을 미쳤으리라 생각된다.

반면, 문재인은 소수 특권층과 보통 국민을 대비시키고 기득권층에 반감을 보인다는 점에서 포퓰리스트에 가까운지 변혁의 리더에 가까운지 혼란을 주고 있다. 그의 지지자는 박근혜와 안철수와 비교해 정치 관심과 참여가 높은 것이 특징이기 때문에 정치 혁신가에 더 가깝다고 생각할 여지가 있다. 하지만 변혁적 리더는 세력의 대결을 통해 승리함으로써 세상을 바꾸기 위해 양분된 갈등을 만든다. 반면 문재인은 소수의 특권층과 대다수의 국민으로 나누고 국민 다수가 동질의 의지를 가지고 있는 것으로 가정함으로써 수사적으로는 포퓰리즘에 더 가깝다고 할 수 있다. 안철수는 제도와 시스템에 불신을 드러내고 정치 불신을 부추기는 수사와 지도자의 진심이라는 선의를 강조하는 정치의 사인화를 구사하고 있다. 이미 국민과 전문가가 답을 가지고 있다는 주장도 제도보다는 사람에 의지하는 사인화의 면모를 보여준다.

안철수는 전문가의 역할을 강조하는 경우가 있는데 이는 전형적으로 엘리티즘적 사고라고 할 수 있다. 포퓰리즘과 엘리티즘은 정반대의 생각인데 왜 안철수의 수사학에서는 양자가 공존하고 있을까? 이는 뒤에서도 나오겠지만 새누리당 지지자와 안철수 지지자가 유사한 태도를 보이는 데에서도 발견할 수 있다. 즉, 포퓰리스트적 태도와 엘리트주의적 태도는 극과 극은 통한다는 명제처럼 일맥상통하는 데가 있다. 왜 양자가 같은 태도처럼 나타나는지는 뒤에서 경험적 증거와 함께 다시 논의하겠다.

4) 권력의지에 대한 수사학 비교

마지막으로 세 후보의 권력의지에 대한 수사를 비교했다. 박근혜는 사명감과 책임감으로 강한 권력의지를 보여주었을 뿐만 아니라 자신이 왜 대통령이 되어야 하는지 분명한 목표와 비전을 보여주었다. 문재인은 자신이 정치에 투신하기를 망설였으나 국민의 소명이 자신을 정치로 불러들였다고 말한다. 그러나 초반부터 강력한 권력의지를 드러냄으로써 권력의지가 없다는 세간의 비판을 무마하려 했다. 안철수는 처음부터 많은 지면을 정치 입문에 대한 고민과 검토 그리고 소명에 따라 결심하는 과정을 설명하고 마지막으로 강한 권력의지를 드러냈다. 포퓰리스트의 권력의지에 대한 모호한 태도란 바로 안철수의 수사처럼 이렇게 양가적 태도를 표출하는 걸 일컫는다.

결과적으로 박근혜는 국민을 가장 많이 사용했음에도 불구하고 포퓰리스트의 면모를 거의 찾기 어려웠고 문재인은 정치초년생으로서 포퓰리스트의 면모가 약간 드러났다. 반면 안철수는 세 가지 점에서 모두 전형적인 포퓰리스트의 특징을 보여주고 있다. 다만 안철수가 포퓰리스트의 특징인 기득권층에 대한 적대감을 표현하고 있지 않다는 점은 흥미롭다.

〈표 2-6〉 소명의식과 권력의지에 대한 세 후보의 수사학

정치인	권력의지에 대한 텍스트	프레임
박근혜	대한민국을 만들기 위해 저의 모든 것을 바치겠다는 각오로 이 자리에 섰습니다. … 그 힘든 시간을 이겨낼 수 있었던 것은 어머니의 빈자리에 대한 책임감과 사명감 때문이었습니다. 저 박근혜가 바꾸겠습니다! 국민 개개인의 꿈을 향한 노력이 국가를 발전시키고 국가 발전이 국민 행복으로 선순환되는 '국민 행복의 길', 이 길이 저 박근혜가 가고자 하는 새로운 국가발전의 길입니다.! 여러분이 기다려온 변화 저 박근혜가 반드시 이루겠습니다	강한 사명감과 대통령이 되려는 분명한 의지 분명한 목표
문재인	남쪽 언덕 나뭇가지에 앉아, 3년 동안 날지도 울지도 않는 새. 그러나 그 새는 한번 날면 하늘 끝까지 날고, 한번 울면 천지를 뒤흔듭니다. 그동안 정치와 거리를 둬 왔습니다. 그러나 암울한 시대가 저를 정치로 불러냈습니다. 이제 저는 국민과 함께 높이 날고 크게 울겠습니다. 저는 대통령이 되겠습니다. 우리나라 대통령이 되겠습니다.	소명의식 강한 권력의지
안철수	저는 제 역량에 대해 고민했습니다. 국가의 리더라는 자리는 절대 한 개인이 영광으로 탐할 자리가 될 수도 없고, 되어서도 안 된다고 생각합니다. 저에게 주어진 시대의 숙제를 감당하려고 합니다. 더 나은 미래를 만들기 위해 싸워야 한다면 정정당당하게 싸울 것입니다. 제게 주어진 시대의 역사와 소명 결코 잊지 않겠습니다. 그것이 어떤 가시밭길이라고 해도 온 몸을 던져 계속 그 길 가겠습니다.	고민/감당 소명의식

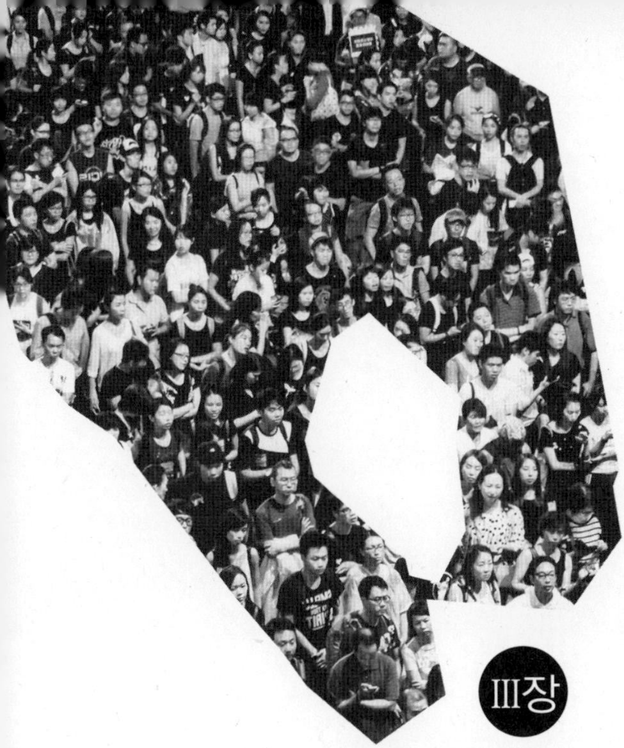

Ⅲ장

안철수와 로스 페로의 포퓰리즘 비교

1. 문제의 제기

2012년 한국 대선은 성공적인 IT회사의 CEO였던 안철수가 화제의 중심이었다. 이는 마치 1992년 컴퓨터회사(EDS)로 시작해 백만장자가 된 텍사스 출신의 로스 페로(H. Ross Perot)가 대선에 제3후보로 출마해 인기를 누리던 페로 현상을 보는 듯 했다. 페로는 제3후보로 출마해 공화당의 조지 부시(George W. Bush)와 민주당의 빌 클린턴(Bill Clinton)을 따돌리고 3자 대결에서 선두를 달렸다.[4] 페로는 미국의 다른 제3후보와 달리 선거인단 확보에는 실패했지만 전국적으로 고르게 19%의 국민표를 획득해 1912년 테

•••

4 토론 직전에 페로는 전국적으로 7-9%의 지지를 받았지만 토론에 참여한 이후 그는 6월 어느 날 39%를 받음으로써 31%를 받은 부시와 25%를 받은 클린턴을 앞서게 되었다.

오도르 루즈벨트 이후 미국의 최다득표 제3후보가 되었다.

미국은 오랫동안 안정된 양당체계를 유지해왔기에 1952년 이래로 제3후보가 5% 이상의 국민투표를 획득한 사례는 세 차례에 불과하다. 1964년 조지 월러스(George Wallace, 14%), 1980년 존 앤더슨(John Anderson, 6.6%), 1992년 로스 페로(Ross Perot, 18.9%)가 그것이다. 한국은 독립 이후 처음 치러진 선거에서 수십 개의 정당이 난립한 이후 꾸준히 정당 수가 줄어들면서 양당제를 중심으로 한 완만한 다당제를 유지해왔다. 그러나 양당제가 공고화되지 않았기에 대통령 선거마다 제3후보(정주영, 이인제, 정몽준, 권영길, 문국현 등)가 일상적으로 등장했다. 2012년 대선의 양자대결이 오히려 예외적이었다.

많은 미국 정치연구자들은 정치 불신이 페로 약진의 주원인이었다고 주장했다(Peterson and Wrighton 1998; Asher 1995; Zaller and Hunt 1995). 그러나 페로는 기존의 제3후보의 등장을 설명했던 정치 불신, 경제 불안, 후보에 대한 호감 등이 주요 원인이 아니라는 반론이 제기되었다. 그리고 그 이유에 대해 설명을 시도했지만 대부분 실패하자 페로가 막대한 부를 이용해 언론을 산 덕분이라는 결론을 내렸다(Alvarez and Nagler 1995; Gold 1995; Rosenstone 외 1996).

그러나 페로는 자신의 부와 무관하게 엄청난 양의 호의적인 언론의 보도를 얻어냈다. 어떻게 가능했을까? 미국의 작은 언론들은 일찍부터 페로가 포퓰리스트라는 점에 주목한 바 있다.[5] 그러나 대다수의 미국 학자들은 페로가 전형적인 포퓰리스트의 특징을 지녔다는 점에 주목하지 않았다. 주로 남미나 유럽 연구자 같은 비교정치 학자들이 포퓰리즘을 연구해온 것과 달리 미국정치 연구자들은 포퓰리즘 연구를 거의 하지 않았기 때문에 이 점을 놓쳤다고 생각한다.

페로가 포퓰리스트였기에 정치에 관심이 없던 유권자의 열광적인 지지를 이끌어낼 수 있었고 언론으로서는 새로운 독자층의 유입으로 언론시장이 확대됨에 따라 경쟁적으로 그들을 만족시키기 위해 페로의 기사를 쏟아냈다고 생각된다. 이 때문에 페로 지지자들은 당선 가능성이 높은 양당의 후보를 선택하는 전략적 투표(strategic voting) 대신 당선 가능성이 거의 없는 제3후보에게 성실한 투표(sincere voting)를 함으로써 기꺼이 자신의 한 표를 낭비할 자세가 되어 있었다고 생각된다.[6] 이로 인해 1992년 투표율이 올라갔다고 생각한다. 포퓰리즘 이론을 사용하게 되면 미국학자들이 아직도 설명하지 못하고 미궁에 빠진 페로의 19% 득표율과 이를 가능하게 한 언론의 엄청난 양의 호의적 보도에 대한 이유를 동시

• • •

5 philly.com이라는 사이트에서는 페로가 출마하던 해(1992년) 3월 22일에 이미 "A Populist Billionaire: Is America Ready For H. Ross Perot?"이라는 기사를 올린 바 있으며(기사검색일: 2015년 12월 27일http://articles.philly.com/1992-03-22/news/26016920_1_ross-perot-populist-billionaire-grass-roots-mo vement) Baltimoresun이라는 신문에서도 그해 6월 28일 페로를 포퓰리스트라고 지목한 바 있다(Dennison 1992).

6 선거 직전 마지막 여론조사였던 NBC-Wall Street Journal poll에서 페로의 지지도는 15%로서 3위였다.

에 설명할 수 있게 될 것이다.

페로와 안철수를 본격적으로 비교하기에 앞서 이 장에서 조교들의 공동작업 중 하나인 이태리 전진 이탈리아의 실비오 베를루스코니 수상을 간략히 소개하고자 한다. 베를루스코니는 하룻밤 사이에 기업가에서 정치인으로 변신한 전형적인 포퓰리스트이다. 극우 포퓰리스트처럼 배제의 정치를 구사했다는 증거는 아직 찾지 못했지만 중도우파로서 연정을 통해 세 번이나 총리를 역임했다. 베를루스코니는 이념적으로 중도적이고 미디어 포퓰리스트라는 점에서 페로와 안철수에 가장 가깝다고 생각된다. 다음 기회에 페로와 안철수의 분석에 사용했던 분석틀을 사용하여 베를루스코니를 분석한다면 흥미로운 연구가 될 것이다.

이처럼 보편적인 포퓰리즘 개념과 분석틀을 사용하여 서로 다른 나라의 사례인 페로와 안철수 현상을 설명하는 III장과 V장은 이 분야에서 세 가지 기여를 하리라 생각한다. 첫째, 대중과 함께 우리 사회의 좌우학자들까지 안철수 현상에 열광했지만 이 현상이 사실은 민주주의의 병폐라고까지 지목되는 포퓰리즘 현상이라는 새로운 시각을 제시하게 될 것이다. 둘째, 미국학자들이 설명하는데 실패한 페로의 높은 득표율과 언론의 호의적 보도에 대한 이유를 발견하게 될 것이다. 셋째, 서로 다른 시스템의 두 후보에 대한 설명을 통해 포퓰리즘 개념이 신데렐라의 유리구두가 아니라 학자들 간에 합의를 이룬 보편적인 개념으로서 적용 가능하다는 에커만 등(Akkerman 외 2014)의 주장을 확인하게 될 것이다.

앞에서도 소개했듯이 포퓰리즘을 감별하는 방법은 포퓰

리스트의 수사학과 리더십이라고 한다. 그 외에는 다른 어떤 공통적인 특징도 찾기 어렵다고 한다. 이에 2절에서는 안철수와 페로를 비교하는 방법론을 설명하고 이들과 유사한 이태리의 베를루스코니를 소개하고자 한다. 그리고 II장에서 제시한 분석틀을 사용해 3절에서는 로스 페로와 안철수의 리더십을, 4절에서는 수사학을 비교할 것이다.

2. 페로와 안철수의 비교 방법론

1) 포퓰리스트와 변혁가 비교 분석틀

이 장에서 미국의 로스 페로와 우리나라의 안철수 현상을 비교하고자 하는 이유는 서로 다른 체제에서 공통적인 인과 요인을 발견함으로써 인과 추론에 보다 유리한 다른 체계 디자인(different systems design)을 사용하려는 목적이 일차적이기는 하지만 한국과 미국의 제도적·환경적·문화적 유사성도 존재하기 때문이다. 미국의 오래 축적된 민주주의 제도의 역사나 문화 등에서 한국은 비교 상대가 되기엔 미흡하다. 하지만 미국의 1992년, 한국의 2012년 대선은 포퓰리즘 등장의 조건과 관련해 유사성도 띠고 있다.

첫째, 앞에서 포퓰리즘은 '극한 위기감'에 대한 반작용이라고 했는데 미국에서 최초의 포퓰리즘 운동은 열차 운임 인상이 농민들에게 가중한 부담을 준 것이 계기가 되었다. 유럽에서 극우적인 성격을 띠는 뉴포퓰리즘이 등장한 배경에는 유럽통합과 그로 인한 치열한 경쟁, 이민자의 증가 등이 가져온 사회적 불안이 있다(Taggart 2000). 마찬가지로 미국에선 레이건의 신자유주의 구조조정으로 인해 심각한 위기를 감당해야 했고, 한국에선 금융위기로 인해 신자유주의적 경제질서가 도입되면서 평생직장 개념이 사라졌고 가파른 경제성장이 둔화되면서 치열한 경쟁과 실업을 경험해야 했다. 따라서 두 나라 모두 포퓰리스트가 등장할 공통적인 토양이 마련되어 있었다고 할 수 있다.

둘째는 미국과 한국 모두 양당제를 기본으로 하는 대통령중심제를 택하고 있다. 권력구조와 관련해 대통령중심제가 포퓰리스트의 등장을 더 용이하게 한다는 근거는 없다. 하지만 정당에서 오랜 기간 검증 과정을 거치지 않은 제3후보의 등장은 대통령제의 위험한 부산물이라는 주장이 있다(Linz 1994; 안종기 2015에서 재인용). 이러한 주장은 정치적 경험이 전무한 인물이 새로운 정당을 구성하고 갑작스러운 선거 참여가 가능한 대통령제의 특징에서 기인한다고 한다(Mainwaring 1993; 안종기 2015에서 재인용). 반면, 유럽의 많은 뉴포퓰리스트의 등장에서 알 수 있듯이 의원내각제에서는 포퓰리스트가 하루아침에 대통령 후보로 등장하기보다는 신당을 통해 의석을 확보하는 방식으로 정계에 입문한다. 따라서 의원내각제에서 포퓰리스트 정당의 탄생은 가능해도 포퓰리스트 수상이 탄생하는 건 쉽지 않아 보인다. 반면, 민주주의 제도의 안정성이 취약한 대통령중심제 국가에서는 비정치인의 제3후보로의 등장도 용이하고 1970년도 남미에서처럼 제3후보의 대통령 당선도 가능하다고 할 수 있다. 즉, 대통령중심제가 의원내각제에 비해 특별히 포퓰리스트의 등장에 유리한 건 아니지만 최고 지도자의 선출을 가능하게 한다는 점에서 포퓰리즘에 더 취약하다고 할 수 있을 것 같다. 또한 포퓰리스트 리더가 제3의 대통령 후보로 등장해 기존 양당의 후보를 누르고 여론조사에서 1위를 차지하는 것도 가능하다. 안철수와 페로 모두 대선 여론조사에서 돌풍을 일으키며 1위를 달린 바 있다(The New York Times 1992).

셋째, 최근의 포퓰리즘은 언론의 역할과 분리가 불가능한 미디어 현상이다. 뉴포퓰리스트의 등장에 가장 큰 영향력을 행사한 것도 미디어이다(Deutchman 1999; Fabbrini 2014; Hockenos 1995; Porro, Nicola, and Pippo Russo 2000). 포퓰리즘은 제도적인 정당보다는 인물에 대한 의존도가 높은데 비정치 영역에서의 성공신화, 수려한 외모나 탁월한 언변 등이 미디어를 통해 증폭되면서 인기몰이를 하게 된다. 미디어 상업주의가 가장 심각한 시기는 새로운 미디어가 등장함으로써 올드미디어와 치열한 경쟁을 벌일 때이다. 서구 민주주의가 성숙하게 발전했다고 생각되는 오늘날 유럽에서 아이러니컬하게도 포퓰리즘의 등장을 목격하는 데에는 SNS를 포함한 뉴미디어와 올드미디어의 치열한 경쟁을 한 원인으로 지목할 수 있을 것이다. 미국과 한국에는 수많은 올드미디어와 뉴미디어가 경쟁하고 있고 특히 미디어 상업주의가 만연해 있다. 미디어의 상업주의는 선정주의를 동반하며 유권자가 포퓰리스트 같은 새로운 인물에 열광할 토양을 만들어준다.

앞 장에서 제시한 태가르트의 6가지 포퓰리즘 특징과 다른 학자들의 연구를 종합할 때 포퓰리스트는 이념적 차이도 찾을 수 없기 때문에 가장 대표적으로 이들의 공통점이 드러나는 부분은 수사학과 리더십이라고 한다. 이러한 특징은 남미의 포퓰리스트뿐만 아니라 선진국의 뉴포퓰리스트에게도 공통적으로 나타나기 때문에 안철수와 페로를 비교하는데 사용할 분석틀로 적합해 보인다.

이 책은 페로와 안철수가 포퓰리스트인지 뉴포퓰리스트인지 구분하지는 않는다. 수사학과 리더십의 특징은 두 집단 모두에게서 공통적으로 발견되기 때문이다. 오히려 II장에서 제시한 포퓰리스트의 특징을 정치혁신가의 특징과 대조하는 분석틀을 사용함으로써 페로와 안철수가 상대적으로 어느 쪽에 더 가까운지 살펴보고자 한다. 학자들마저 포퓰리스트를 새로운 정치를 구현할 변혁가로 오인하기 때문이다. 포퓰리스트의 실패를 예정된 경로로 받아들이기보다는 기득권에 의해 좌절당했다며 안타까워하기까지 한다. 따라서 포퓰리스트와 변혁가를 비교하는 분석틀을 사용하면 페로와 안철수가 어느 쪽에 더 가까운지 쉽게 감별할 수 있을 것이다.

〈표 3-1〉은 II장에서 사용한 분석틀을 조금 더 세분화하고 발전시킨 것이다. 분석틀은 리더십에 영향을 미치는 1) 출신 배경과 2) 과거 경력을 포함했다. 또한 포퓰리즘의 특징이 가장 결정적으로 드러나는 3) 리더십과 4) 수사학의 특징을 비교한다. 또한 포퓰리스트 리더와 변혁의 리더는 5) 지지자의 특성에서 뚜렷한

차이를 보일 것이라는 가정하에 이를 한 요인으로 추가했다. 양자는 기존 기득권에 대한 증오심을 표출하는 수사학을 구사하고 대중과의 원활한 의사소통을 통해 열정적인 대중의 인기를 누린다는 점에서 유사하다. 그러나 표에서 알 수 있듯이 양자는 여러 면에서 대조적이기 때문에 식별이 가능해 보인다.

우선 포퓰리스트의 출신 배경에 대한 연구를 살펴보면 앞에서도 이미 밝혔듯이 남미 포퓰리스트의 경우는 대부분 중산층 출신의 신흥 부유계층으로서 지배계층에 흡수 혹은 편입되기를 기대하는 집단, 산업화의 과정에서 상대적으로 몰락한 구시대 지배계층의 자손, 혹은 고등교육을 받았으나 기대만큼의 대우를 받지 못해 불만을 가진 집단 등으로 구성되었다(서병훈 1988). 이들은 기존 질서에 소외감을 느끼는 불만 계층으로서 현상의 구조 안에서 수직적 신분상승을 추구하려는 목적으로 정치를 시작했기에 현 체제를 혁명적으로 전복시키기보다는 그 안에서 그들의 입지를 강화하는 전략을 선택했다. 따라서 고전적인 포퓰리즘 운동과 달리 남미의 포퓰리즘은 체제 변혁적이기보다는 체제 유지적이었다고 한다.

뉴포퓰리스트의 경우 출신 배경에서의 공통점을 찾기는 어렵다. 다만 캐나다의 매닝이나 프랑스의 르 펜, 오스트리아의 하이더 등은 아버지로부터 정당이나 사상을 이어 받아 자녀 세대에서 대를 이어 포퓰리스트 정당의 당수로 활동한다는 점이다. 포퓰리즘이 사인화(personalization) 정치를 구사하기 때문에 아버지의 카리스마가 자녀에게도 이전되는 현상을 발견할 수 있다. 반면, 혁신가의 경우는 루즈벨트나 케네디처럼 상류계층 출신이 있는가 하면 링컨처럼 중하류 출신도 있기에 출신 배경을 특정하기 어렵다고 본다.

포퓰리스트는 대체로 정치적인 경험이 없는 비정치인이 성공신화를 기반으로 갑작스럽게 정치권에 진입하면서 등장하는 경향이 있어 정치적 경력이 전무한 경우가 많다. 물론 기존 정당에서 활동하던 월러스(George Wallace) 같은 정치인이 탈당해 제3후보로서 포퓰리즘을 구사하는 경우도 있지만 이들은 비정치권 포퓰리스트 만큼 높은 인기를 누리지는 못한다. 기존 정당의 정치적 책임으로부터 자유롭지 않기 때문이다. 반면, 혁신가는 제도권 정치에서 오랫동안 검증받고 능력을 인정받은 인물일 가능성이 높다. 이들의 정치혁신안은 제도권 정치를 쇄신하는 데 맞춰져 있지만 제도를 우회하거나 정치 그 자체를 부정하지는 않는다.

출신 배경과 정치적 경험에서의 차이는 리더십에서의 차이를 가져온다. 포퓰리스트의 리더십과 수사학, 지지기반의 특징은 II장에서 사용한 분석틀을 그대로 사용한다. 반면 혁신가는 정치권에서 검증받고 민주적 리더십을 구사한 경험을 바탕으로 리더로서 성공했기에 공조직을 통해 의사결정을 내린다. 또한 변혁의 리더가 되기 위해서는 도덕성과 정치적 비전으로 국민들의 강력한 지지를 동원해야 하기 때문에 가치지향적이며 그 결과 카리스마적인 점도 또 하나의 특징이다. 혁신가 또한 대중과의 소통에서는 탁월한 능력을 발휘하지만 포퓰리스트처럼 단순하게 선과 악을 대비시키기보다는 국민에게 영감과 비전을 제시함으로써 자신을 따르게 한다는 점에서 다르다. 혁신가는 공적인 제도 내에서 리더십을 발휘하는 훈련을 오랫동안 받았기 때문에 제도 내에서의 혁신을 시도한다. 혁신가는 강력한 리더십으로 높은 추진력을 보이지만 압도적인 의회의 지원 속에서 혁신을 이뤄야 하기 때문에 민주국가에서 막강한 여당 소속이 아니면 혁신가로 성공하기는 어려울 것이다.

리더십은 리더와 팔로워 사이의 관계에서 정의되기 때문에 지지자가 누구인지는 매우 중요하다. 남미 포퓰리스트의 경우는 농민, 노동자 등과 중산층의 계급연합을 추구했다면, 뉴포퓰리스트의 지지자는 대부분 젊은층에 편중되어 있다(정병기 2012). 혁신가가 성공하기도 실패하기도 하는데 비해 포퓰리스트가 대부분 실패하는 이유는 지지자의 특성 차이에서 비롯될 가능성이 있다. 포퓰리스트가 정치에 관심에 없는 무관심층이나 정치 냉소주의자를 동원할 것이라는 가설은 오래전부터 제기되었다(Dekker 2007; Krouwel and Abts 2007). 포퓰리스트는 기존 제도에 대한 공격, 반정치적 특성을 보이기 때문에 정치를 잘 모르는 젊은층이나 외면하는 냉소주의자들의 열광적 공감을 얻을 가능성이 있다. 반면, 혁신가는 아래로부터의 혁신을 중시하기 때문에 달튼(Dalton 2008)이 말하는 참여의식이 높은 비판적 시민(criticial citizen)의 지지를 받을 가능성이 높다.

〈표 3-1〉 포퓰리스트와 변혁가 비교분석틀

정치인의 종류		포퓰리스트	변혁가
출신 배경		기득권 출신으로 신흥갑부 체제 유지적인 성향	특정하기 어려움 체제 변혁적인 성향
정치경력		비정치인의 정치인으로의 변신 혹은 기존 정치인의 돌변	정치권에서 검증된 인물
리더십	정치운영방식	정치의 사인화(私人化)	제도에 의한 정치
	리더십 기반	사적인 성공 신화 개인의 카리스마	가치 중심의 비전 도덕성
	의사소통스타일	■대중과의 원활한 소통 ■선악구분, 단순, 간결, 명쾌	■대중과의 원활한 소통 ■열정을 불러일으킴
	리더십 스타일	■권위주의적 ■폐쇄적인 사조직중심 ■위로부터의 개혁 ■본인만이 국민의 일반의지를 대변할 수 있음	■카리스마적 ■개방적인 공조직 중심 ■아래로부터의 변혁 (empowerment) ■스스로 모범을 보임 (lead by example)
	갈등해결방식	분열적, 분파적	갈등의 지배자이자 희생자
	팔로워 (지지자) 특성	정치 냉소주의자 비정치적(apolitical)유권자 젊은층	비판적 시민 (critical citizen) 30-40대 여론주도층
수사학		■기득권에 대한 증오심 표출 ■매개 제도에 대한 불신 ■동질적인 국민 상정 ■모호한 권력의지(소명의식 강조)	■기득권에 대한 증오심표출 ■제도의 혁신 제안 ■국민 편가르기 ■강한 가치 지향성

2) 전진 이탈리아의 실비오 베를루스코니 (Silvio Berlusconi)

실비오 베를루스코니(Silvio Berlusconi)는 1936년 9월 29일

생으로 밀라노의 북쪽 끝에 위치한 이솔라(Isola)라는 지역에서 태어났다. 아버지(Luigi)는 지점이 하나뿐인(작은 규모를 뜻함) 밀라노의 라시니(Rasini) 은행의 은행원이었고, 어머니는 전업주부였다. 베를루스코니는 아버지와의 강한 애착관계를 갖고 있는 것으로 알려졌다. 그 이유는 제2차 세계대전 기간 동안 아버지와 떨어져 지내다가 집으로 돌아오는 아버지를 기차역에서 애타게 기다리다 마침내 만나게 되었던 일이 가장 기억에 남는 순간이라고 회상하기 때문이다. 그가 매우 높은 자존감을 갖게 된 것은 부모의 영향이 컸던 것으로 알려져 있다. 그의 부모는 어떤 비판도 아들에 대한 끊임없는 칭찬과 애착으로 해석해주었다고 한다(Day 2015, 7-8).

그는 11살이 되던 해에 가톨릭에서 운영하는 기숙학교의 엄격한 규율 속에서 교육을 받았고 학업성적이 우수했다. 그러나 그의 신앙심은 표면적이었던 것으로 보이는데, 이것은 그가 한편으로는 교황청의 영향을 받은 이탈리아를 지지하면서도 다른 한편으로는 신앙심과는 다른 행동을 보였기 때문이다. 그는 학업에 뒤쳐지거나 게으른 학교 친구들을 위해 돈을 받고 숙제를 대신해줌으로써 신앙심보다는 비즈니스 마인드를 청소년 초기부터 가져왔던 것으로 보인다. 또한 16세에는 음악에 상당한 관심과 재능을 보여 1950년대 후반에 밀라노에 있는 대학(Milan's Statale University)에 다니기 위한 학비와 용돈을 벌기 위해 지중해 크루즈에서 가수로 노래를 부르거나 승객들을 위한 쇼를 하기도 했다. 그는 5피트 5인치밖에 되지 않는 체구이지만 옆집의 소년과 같은 친근하면서도 수려한 외모를 지니고 있어 여성을 끄는 매력이 상당했다(Day 2015,

8-15).

1961년 법학과를 우수한 성적으로 졸업하고 광고의 계약에 대해 썼던 논문은 지역 광고회사로부터 상을 받기도 하였다. 1960년 초는 전후 시대로 이탈리아 경제가 살아나기 시작했던 때이고, 밀라노는 이탈리아의 비즈니스 수도이기도 했다. 그는 대학 졸업 직후 청소기를 파는 판매원을 하다가 아버지가 다니는 은행에 부탁을 해서 부동산을 매입하고 되파는 일을 시작했다. 여기에서 상당한 사업가적 기질을 발휘하면서 그는 훗날 부동산 개발업에서 성공한 사업가가 된다. 그런데 그의 사업 성공 뒤에는 수상한 스위스 은행, 마피아의 계좌 등이 연루되어 있었다는 소문이 있다(Day 2015: 8-15).

그는 1965년에 결혼을 하고 두 아이를 갖게 되는데 자녀들은 후에 아버지의 가족 사업을 함께 하게 된다. 훗날 그는 미디어·금융 왕국을 만들게 되는데, 파이넌베스트(Fininvest)라는 회사는 3개의 텔레비전 네트워크를 가지고 있었다. 1986년에는 축구팀(AC Milan)의 구단주가 되는데 이 팀은 그가 회장으로 있는 동안 리그에서 4번 우승하여 국제적 명성을 얻게 된다. 그는 정치에 입문하기 전까지는 매우 영향력 있는 사회주의 정치인들과 가깝게 지냈다. 특히 크락시(Bettino Craxi)는 그에게 불리한 미디어법을 지지해서 악명이 높았었지만 적과도 손을 잡을 만큼 비즈니스를 위한 그의 친화력과 인맥은 대단했다. 1994년이 되던 해에, 그의 금융 왕국(회사)은 재정적 어려움을 겪게 되는데, 바로 이때가 구정치인 파벌들이 해체되고 있던 시점이었다. 1993년도의 지방선거 결과, 우파는 좌파를 이길 새로운 리더를 기대하게 되었다. 마침 이 시점에 경영난에 허덕이는 그의 회사에는 치명적인 미디어법이 좌파에 의해 추진되었다. 이 법으로부터 자신의 회사를 보호해야했던 베를르니쿠스는 거의 하룻밤 만에 새로운 당을 탄생시켰다 (Semino and Masci 1996, 246).

1948년부터 1993년도의 시기는 이탈리아의 소위 제1공화국(First Republic)으로서 전문적 정치인(professional politicians)들에 의해 정치가 이루어졌으며 〈기독교민주당(Christian Democrats)〉이 이탈리아의 가장 큰 정당이었다. 당시의 정치는 정체되어 있었는데, 반대당이자 제2당인 〈공산당〉이 유럽에서는 가장 큰 규모로 존재함으로써 적대적 공생관계를 유지했기 때문이다. 1992년도에 시작된 검찰의 정치권 뇌물수사(Mani Pulite)는 〈기독교민주당〉 등 기존 정치세력의 몰락을 알리는 신호가 되었다. 1993년의 지방선거에서 좌파가 승리하자 우파는 긴장을 하게 된다. 1994년도의 총선에서 선거제도 개혁으로 인해 다수제(다수의 표를 얻은 1등 한 명만 당선되는 제도)가 한 지역구에서 두 명 이상 선출하는 중선거구제를 대체하게 되었다. 정치판이 새롭게 짜이는 전환기에 베를루스코니는 〈전진 이탈리아(Forza Italia/FI)〉라는 새로운 정당을 총선 2개월 전에 만들면서 정치에 입문했다(Semino and Masci 1996, 245-246). 이 선거에서 그의 정당과 〈국민연합(Alleanza Nazionale)〉, 북부 분리주의 정당인 〈북부 연맹(Lega Nord)〉 등 우파연합이 좌파연합을 누르고 승리했다. 그러나 총리가 된 베를루스코니는 부패 연루 혐의로 곧 실각하였고 1996년에는 좌파연합의 프로디 총리(Romano Prodi)가 집권하게 된다.

프로디 총리는 진보 및 중도좌파 계열 정치세력과 연합정부를 구성해 제75대(1996.5~1998.10)와 제79대(2006.5~2008.5) 총리를 역임하였다. 그는 이탈리아 정치사에서 보기 드물게 안정적인 정국을 운영하는데 성공했다는 평가를 받았다. 하지만 2007년 아프가니스탄 파병 논란과 2008년 경기침체 극복을 위한 뚜렷한 해결책을 내놓지 못함으로써 연정이 붕괴되었고 2008년 4월 조기총선을 통해 총리직이 다시 베를루스코니에게 넘어가게 되었다.

베를루스코니는 다시 제78대(2001.6~2006.5), 제80대(2008.5~2011.11) 총리직에 오르는데 성공했다(KOTRA 국가정보 2013). 이 정당은 후에 〈Go Italy〉(1994년부터 2008년), 〈자유국민당(People of Freedom; Popolo della Liberta/PDL)〉(2008년 이후)으로 이름을 바꿔 존재했다(Fabbrini 2014, 19). 이 정당은 베를루스코니의 사당이라는 평가가 대체적이다(McDonnell 2013). 그가 총리직에서 물러나 있을 때에는 야당의 지도자로서 역할을 수행했다.

그의 정치적 리더십은 정치의 사인화(私人化: personalization of politics)에 비유된다(Fabbrini 2014). 이 현상은 텔레비전의 등장으로 더욱 심화되는데 이는 미디어를 통한 소통 기술에 의해 강화된다. 이 같은 리더십은 리더 개인의 카리스마에 의존하기 때문에 당면한 정치적 안건들을 제도화하고 정치화된 행위자들과 함께 정책의 복잡성을 다룰 수 없게 된다. 따라서 이러한 리더십은 선거에서는 효과를 발휘하지만 정부 구조 내에서는 한계를 갖게 된다. 그는 그의 페르소나(persona)에 대한 그 어떤 비판도 정치적 선거의 기회로 삼았다. 그리고 자신의 사적인 삶 자체를 정치화시켰다. 그는 자신이 개인적으로 일궈낸 성취를 공적인 토론에서 정치적 콘텐츠로 활용했으며 리더십의 원천으로 삼았다.

그는 "나를 믿으면 내가 부자가 된 것만큼 이탈리아를 부유하게 만들 것이며, 내가 나의 축구팀을 승리로 이끈 것처럼 이탈리아를 성공적으로 만들 것이다"라는 메시지를 반복했다. 그는 영화배우처럼 행동했고 사적·공적 TV 네트워크가 모두 그의 통제하에 있었다. 이것이 이탈리아에서 정치의 사인화를 가능하게 만들었다고 할 수 있다(Fabbrini 2014). 그는 전례 없는 '스포츠-미디어-정치'의 혼성(hybridization)을 만들었다(Porro, Nicola, and Pippo Russo 2000). 그의 수사학은 미디어에 기반을 둔 포퓰리즘이라고 평가받는다(Roncarolo, 2005). 그는 자신의 권력을 지키기 위해 정책 없는 정치(policy without politics)를 추구했던 것이다.

유로존 위기가 악화되면서 이탈리아의 부채가 그의 자리를 위협했다. 유로존으로 합병되는 상황에서 그 개인에 대한 나쁜 사적 평판과 이탈리아 정부의 정책결정의 취약함은 다른 유로존 국가들에게 위협이 되었다. 이에 따라 이탈리아 외부로부터 이탈리아 정부와 정책에 대한 막대한 압박이 들어오기 시작했으며, 이 압박은 결국 2012년 11월 그의 총리직 사임으로 이어지게 되었다.

3. 페로와 안철수의 리더십 비교

1) 출신 배경과 과거경력

페로는 1930년 6월 27일, 텍사스 주의 텍사카나에서 1남 1녀의 막내로 태어났다.[7] 그의 부친은 목화중개상으로서 대공황 시절에도 끼니 걱정을 하지 않을 만큼 여유가 있었다. 페로는 학창 시절 성적이 그리 우수하지는 않았고 전문대학 졸업 후 미 해군사관학교에 간신히 응시할 정도였다. 그는 해군 복무 시 해군 장관의 손님으로 방문한 IBM의 간부를 만난 걸 계기로 퇴역 후 IBM에 입사해 세일즈맨으로서 발군의 실력을 발휘했다. 판매 목표량을 초과해서 달성하던 페로는 자신이 제안한 아이디어가 받아들여지지 않자 교사인 아내가 모아둔 1천 달러로 EDS(Electronics Data System)라는 회사를 차렸다. 페로는 창업 초기에 어려움이 있었지만 이를 극복하고 38세의 나이에 억만장자의 반열에 올랐다.

안철수는 1962년 2월 26일에 경상남도 밀양에서 2남 1녀 중 장남으로 태어났다. 안철수의 아버지는 서울의대를 졸업하고 부산에서 50년 넘게 개인 병원을 운영했다. 안철수는 1980년에 서울대 의대에 입학해 3학년 재학 중이던 1982년 가을에 처음으로 컴퓨터를 접하면서 컴퓨터에 흥미를 갖게 되었다고 한다. 단국

7 페로 개인사에 대한 정보는 Follet(1992)를 참고하여 발췌 요약했다.

대 의대 교수로 재직하던 시절 컴퓨터 바이러스를 치료하는 백신을 개발해 사람들에게 무료로 배포했다. 그 후 공익단체를 만들어 바이러스 백신을 배포하려고 했으나 자금 조달에 실패하자 1995년 안철수연구소라는 지금의 안랩을 창업하게 된다. 페로와 안철수는 중상층의 집안에서 태어나 컴퓨터 사업가로 자수성가해 신흥 갑부가 되었다는 점에서 남미 포퓰리스트 리더와 공통점이 있다.

안철수와 페로가 유명인사가 된 계기는 자신이 쓴 책에 있는 애국 신화가 대중에게 알려지면서였다. 페로는 두 가지 신화가 있는데, 하나는 1969년 베트남의 포로들에게 크리스마스 선물을 전달하기 위해 보잉 707 화물 수송기 두 대에 EDS 직원을 동원해 식량, 선물, 의료품을 전달하려고 시도한 것이다. 선물을 포로에게 전달하지는 못했지만 석방된 포로의 증언에 따르면 이 사건 이후 월맹 측의 대우가 현저히 개선되었다고 한다.

다른 하나는 이란 인질 구출 작전인데, 이를 통해 페로는 성공한 사업가에 더해 애국심 마케팅에까지 성공하기에 이른다. 이란의 혼란기였던 1978-79년 사이에 이란 정부와 사업을 하던 EDS의 직원 두 명이 여권을 뺏기고 수감되었다. 사회 혼란으로 은행시스템이 마비되면서 직원이 보석금을 내고 석방될 가능성이 없자 페로는 스스로 인질 구출 계획을 세웠다고 한다. EDS 직원 중에서 전투 경험이 있는 군인 출신자 15명을 선발하여 구조팀을 만든 뒤, 전문가로부터 집중적인 훈련을 받은 후 1979년 1월 중순 이란으로 향했다. 감옥이 예상보다 견고하자 페로는 대사관 직원으로 변장하여 감옥 안으로 들어가 직원을 직접 만나 조만간 폭동이 일어날테니 그 틈에 감옥을 탈출하라고 전달했다는 것이다. 그리고는 이란의 혁명 세력에게 돈을 주고 감옥 근처에서 소요를 일으켜 달라고 부탁했다고 한다. 직원들은 소요 덕분에 무사히 탈출해 미국으로 돌아왔다.

이 사건은 『독수리 날개를 타고』라는 책으로 출간되었고 TV 미니시리즈로도 제작되어 큰 인기를 얻었다. 하지만 2월 11일 폭동은 페로의 조종에 의한 것이 아니라 호메이니의 귀국을 환영하는 혁명 세력이 무장 습격을 해서 이루어진 것이다. 이 책의 사실 여부에 대해 저자 스스로도 의문을 제기한다. 이 혁명은 EDS의 직원뿐만 아니라 정치범, 살인범, 강간범까지 포함한 죄수를 해방시켰기에 만일 페로가 폭동을 기획한 것이 사실이라면 이는 국제법은 물론 미국법을 위반한 것이다. 로젠스톤 등(Rosenstone 외 1996, 236)은 이 영웅 신화는 누구도 확인해준 바 없는 자가발전이라고 말한다. 이 두 가지 사건은 성공한 사업가뿐만 아니라 '슈퍼 애국자'로서의 페로 이미지를 확고하게 만들어주었는데(Follet 1992, 30), 이는 한 마디로 사업가의 옷을 입은 람보(Rosenstone 외 1996, 236)라고 할 수 있다.

안철수가 전국적 유명인사가 된 계기도 자신이 쓴 책 『CEO 안철수, 영혼이 있는 승부』에 나오는 두 가지 미담 때문이다. 안철수는 회사가 어느 정도 안정되자 미국 유학길에 오른다. 미국 유학 중 1997년 미국의 기업인 맥아피(McAfee)로부터 안랩을 1000만 달러에 인수하겠다는 제의를 받았다고 한다. 한국의 회사가 다국적 기업에 넘어가면 그 회사가 바이러스 백신 시장을 독점하게 될 것이고 우리 국민들이 비싼 비용을 지불하게 될까 봐 안철수는 그 자리에서 제의를 거절했다는 것이다. 또한 미국 유학길에 오를 때 회사의 주식을 직원들에게 나눠줬다는 일화이다. 둘 다 애국신화를 가진 성공한 사업가라는 공통점이 있다.

페로는 공직을 맡은 경험이 전혀 없다. 다만 1980년대 중반, 텍사스 주지사이던 마크 화이트가 위원장을 겸하고 있던 학교교육특별위원회를 실질적으로 주도하는 임무를 맡게 되었다. 이 위원회는 "고등학생의 경우 한 과목이라도 낙제를 하면 6주 동안 모든 과외 활동을 금지시킨다는 안을 발표했다"(Follet 1992, 28). 이 안은 스포츠를 억압함으로써 격렬한 논쟁을 불러일으켰고, 미국에 이민 온 이상 영어를 배우라면서 2개 국어 교육에도 반대해 히스패닉계가 반대 움직임을 보이기도 했다. 마약 관계 법규를 강화했고 심지어는 마약사범을 검거하기 위해 도청 법률까지 통과시키기도 했다. 안철수도 페로와 마찬가지로 전혀 공직을 맡은 경험은 없다. 다만 노무현–이명박 정부 시절 포스코의 사회이사/이사회 의장을 지냈고 이명박 정부 시절에는 대통령 직속 미래기획위원회 위원, 포항공과대학교 이사를 역임하는 등 페로처럼 공직 봉사의 경험을 쌓았다. 둘 다 정치경력이 전혀 없이 정치에 입문했다는 점에서도 포퓰리스트의 특징과 닮았다.

2) 리더십 특징

페로의 리더십은 결론부터 말한다면 한 마디로 가부장적이고 독선적이라고 할 수 있다. 페로는 직원들에게 총체적인 충성을 요구했는데 만약 회사를 그만두는 사람이 있으면 그를 배신자로 간주했다고 한다. "두 번 이상 똑같은 근거의 주장을 시도하는 직원은 그 자리에서 쫓아내 버렸다"(Follet 1992, 19-20)는 일화도 있다. 일단 아이디어가 형성되면 페로는 그것을 밀어붙였다고 한다. 페로는 직원들에게 엄격한 규율을 지키도록 요구했다. 직원에 대한 대우도 좋지 않았고 보수도 형편없었다고 한다. 하지만 페로는 어느 날 직원들의 집을 일일이 방문해 그 아내들에게 EDS 주식 100주씩을 선물했다고 한다. 25년 후 이 주식은 40만 달러의 가치를 가지게 되었다.

페로는 선거운동 기간 중 영입한 선거 전문가를 6주 만에 해고했는데 그 이유는 후보의 고집이 너무 세서 전문가들의 조언을 듣지 않아 심한 마찰을 빚었기 때문이라고 한다. 그는 가까운 친구와 회사 부하들로 이루어진 폐쇄적인 사조직 중심으로 의사결정을 내렸다. 풀뿌리 조직을 강조했지만 실제 집행의 지시는 위에서 아래로 내려졌고 조직은 중앙집권적으로 만들어졌다. 페로는 자신의 선거운동이 전략가, 전문가가 없이 순수하게 아래로부터 시작된 풀뿌리 운동이라고 주장했지만 이 운동을 위에서부터 조정하고 자금을 댔던 것은 페로였다. 페로의 회사(Perot Systems)가 사무실, 직원, 전화선, 기술적 지원을 제공했다. 페로의 직원이 전국 중앙사무소를 페로의 빌딩에 설치했고 투표용지에 페로 이름이 올라가기 위한 운동이 시작된 이래 페로 회사의 주요 직원이 이를 감독했다. 자발적인 페로 캠페인 사무실 몇 개가 워싱턴 DC에 난립하자 페로는 이를 조정하기 위해 그의 사람들을 보냈다(Rosenstone 외 1996, 238-39).

페로는 자신의 선거공약집 말미에 "1992년 봄과 여름 전국을 휩쓴 페로 현상은 나와는 무관하다. 자발적인 풀뿌리 운동의 폭발이었다"(Perot 1992, 111; Rosenstone 외 1996, 241에서 재인용)라고 썼다. 이는 진실과는 거리가 먼 주장이었다고 로젠스톤(1996)은 밝히고 있다. 페로 캠프에 있었던 많은 이들이 풀뿌리 민주주의나 자원봉사자는 사기이고 기만이라고 증언했다(Balz 1993, A8).

캠페인을 중단한지 2주 후에 페로는 "우리는 하나(United We Stand)"라는 단체를 만들었다. 페로는 이 단체를 만든 표면적인 이유는 다른 후보들에게 자신의 경제정책을 받아들이도록 압력을 넣기 위한 조직이라고 설명했다. 캠페인을 중단한 동안에도 페로는 천백만 달러를 쏟아 부었다는 것이 중앙선거위원회에 제출한 보고서에 의해 뒤늦게 드러났다. 이 돈은 댈러스에 있는 중앙본부와 64개의 주, 지방 사무실 운영비와 직원 인건비로 사용한 것으로 나타났다. 이 기간에도 페로는 투표용지에 페로의 이름을 올리기 위한 전국운동을 지휘했던 것이다. 같은 기간에 페로는 『우리는 하나: 우리는 어떻게 우리나라를 되찾을 수 있을까』라는 책을 출간했다. 여기에는 재정적자를 해소하고 워싱턴의 문제를 해결하는 페로의 해법이 들어있다. 페로의 돈으로 자원봉사자들은 십만 권의 책을 샀고 그 결과 베스트셀러가 되었다(Rosenstone 외 1996, 241).

〈우리는 하나〉라는 조직은 페로에 의해 조직되었고 경제적 지원을 받았고 조정되었다. 10월 1일 선거에 다시 출마하겠다고 결정한 건 자원봉사자들이 아니라 페로 자신이었다. 만일 다른 후보가 선거운동을 중단했다 다시 시작한다면 기부금도 들어오지 않고 사람도 떠나고 미디어는 비꼬았겠지만 페로의 경우는 그런 일이 일어나지 않았다. 자원봉사자는 장식일 뿐이었고 언론기관은 페로가 엄청난 돈을 쓰기를 기다렸다(Rosenstone 외 1996, 242). 페로는 "가짜 정당(a pseudo-party)을 만들었고 자신을 국민의 목소리라고 제시했다"며 역사학자 윌렌츠(Wilentz 1993)는 페로를 부패한 포퓰리스트라고 맹비난했는데 그는 페로가 수십 년 동안 대통령 출마를 기획했으며 언론이 페로의 과거를 제대로 탐사보도하지 않았다고 비판했다. 윌렌츠는 페로의 단체는 자원봉사자의 모임이 아니라 군사문화를 추종하는 종교(cult)집단 같다고 묘사했다.

그의 권위주의적인 리더십은 갈등해결에 무기력했는데 그의 EDS와 GM이 만든 합작회사는 그가 회사를 떠나는 것으로 막을 내렸다. 1992년 대선에 실패한 이후 페로는 〈우리는 하나의 미국(The United We Stand America)〉이라는 초당적 압력단체를 만들었다. 그는 이를 주요 정당으로 발전시키기 위해 이 조직으로부터 1995년 〈개혁당〉을 설립했다. 1996년 페로는 〈개혁당〉 후보로 대통령 선거에 출마해 8%의 득표를 했다. 〈개혁당〉이 제대로 된 전국정당으로 발전하지 못한 건 페로 때문이라는 비난을 들었다. 〈개혁당〉을 페로의 대선캠프 조직이 좌지우지 한 게 그 근거라고 한다

(The Victoria Advocate 1996). 페로는 〈개혁당〉 후보로 미네소타의 주지사에 출마해서 성공한 벤츄라(Jesse Ventura)를 끝내 추인하지 않았다. 정당의 간부들은 벤츄라를 지지하는 집단에 완강히 반대한 것으로 알려졌다. 〈개혁당〉은 2000년 대선에서 지지후보를 두고 다시 내부 갈등이 있었는데 페로는 침묵을 지켰다.

안철수의 정치 참여 의사가 세상에 처음 알려진 건 그의 멘토로 알려진 윤여준의 "안철수가 서울시장(재보궐 선거) 출마 가능성이 있다"는 발언이 2011년 8월 언론에 보도된 것이 계기가 되었다. 단박에 여론조사에서 안철수를 서울시장으로 지지하겠다는 유권자가 50%가 넘는 것으로 나왔다. 그 후 5%의 지지를 받던 박원순이 서울시장 선거에 출마하겠다는 의사를 표명하자 안철수는 박원순을 만나 후보를 양보하겠다고 발표한다. 이는 또 하나의 안철수 신화를 만들었다. 이 일로 안철수는 대권주자 반열에 오르게 되었다. 급기야 안철수는 지지도 59%를 기록하며 지난 4년간 부동의 1위를 지키던 새누리당의 박근혜 후보(33%)를 여론조사에서 누르고 1위로 등극했다(미디어오늘 2011).

안철수는 페로가 CNN Live에 출연해서 인기를 얻은 것처럼 《무릎팍 도사》라는 TV 프로그램에 출연한 게 폭발적인 인기를 얻게 된 계기가 되었다. 측근은 안철수의 대선 출마를 줄곧 부인했지만 안철수는 2012년 7월 19일 정치 대담집 『안철수의 생각』을 출간했다. 책 출간일 전에 SBS의 예능 프로그램 《힐링캠프》에 출연, 녹화 작업을 했으며 이는 7월 23일 방송되었다. 페로처럼 대선 정책집이라고 할 수 있는 『안철수의 생각』은 베스트셀러가 되었다. 안철수는 이미 2011년 말부터 대선 준비를 해왔다는 증언이 있다. 김근식, 김종인 교수 등으로부터 정책 과외를 받고 있었다는 것이다(신정록 2012). 페로처럼 안철수가 오랫동안 대선을 준비해왔는지는 알 수 없지만 페로에 대한 평가처럼 안철수는 성공한 CEO이면서 명성 마케팅의 귀재임은 분명해 보인다. 언론의 비판적인 탐사보도가 거의 없었던 것도 페로의 사례와 유사하다.

같은 해 9월 19일, 안철수는 제18대 대통령 선거 출마를 선언하였다. 민주통합당 문재인 후보와 단일화 과정에 갈등을 빚던 안철수는 11월 23일에 긴급 기자회견을 열고 후보직 사퇴를 선언하였다. 이 의사결정과정에서 안철수는 극소수의 인사와만 상의하고 일방적으로 참모진에게 통보한 것으로 알려졌다(김아진 2012). 대선 당시 안철수의 상황실장을 맡았던 금태섭은 안철수가 공조식을 무력화시키고 안철수의 최측근인 박경철이 의사결정을 좌우했다고 폭로했다. 이 때문에 캠프에 있었던 다수의 사람들이 안철수를 등지고 캠프를 떠났다는 것이다(심혜리·조미덥 2015). 이는 전문가 중심의 공조직에서 이루어져야 할 의사결정이 폐쇄적이고 사적인 서클에서 이루어지는 포퓰리스트의 전형적인 리더십 특징이다.

안철수 캠프는 출마 선언문도 후보가 직접 썼다는 점을 홍보할 만큼 후보 개인기에 의지했다. 안철수 캠프의 전문가들은 토론회나 세미나에도 참석하지 않았다. 중앙본부의 허락 없이 한마디도 하지 말라는 지시를 받았다는 것이다. 내부 이야기가 언론에 흘러나가지 않도록 철저히 보안을 유지하라는 지시가 나오기도 했을 만큼 의사결정이 중앙집권적이었다. 안철수는 대선 출마를 위해 펀드를 모집했지만 대중의 호응이 없어 중단했다. 진심캠프가 자원봉사자로 이루어졌다고 홍보했지만 페로의 조직이 위에서 아래로 움직였듯이 안철수 조직도 아래로부터 뭔가 이루어진다는 느낌은 주지 못했다.

안철수가 2014년 지방선거를 앞두고 신당을 창당하다 민주당과 통합해 〈새정치민주연합〉을 창당해 공동 당 대표가 되는 과정에서 민주적 절차란 찾아볼 수 없었다. 모든 권한을 당 대표에게 집중시켰으며 당 대표를 제어할 제도적 장치도 없었다. 재보궐 선거에서는 측근을 공천하기 위해 공천권을 휘두르다 반대에 부닥쳐 불만을 호소하기도 했다. 그 결과 좋지 않은 결과를 얻어 결국 당 대표를 사퇴하게 되었다.

안철수는 선한 IT기업가의 이미지를 지니고 있으며 청년들이 존경하는 멘토 1위라고 할 만큼 부드럽고 민주적이며 약간은 우유부단한 대중적 이미지를 보여준다. 안철수는 자신의 리더십에 대해 오마이뉴스와의 인터뷰에서 이렇게 말했다. "나는 수평적인 사람이다. 그런데 정부 조직은 내가 아무리 수평적인 리더십을 갖고 있어도 조직이 수평이 되면 곤란하다. 그런데 (이런 관계를) 10년 이상 그게(유지하는 게) 가능할까"(이주연 2011)라고 표현했다. 그런데 실제로 그의 리더십에 대한 증언은 다르다. 그는 부하직원의 토론을 지켜보다 결론은 자신이 완전히 다르게 내린다고 한다(유창선 2013).

페로와 안철수의 리더십은 중앙집권적이며, 독선적이고, 측근 사조직에 의한 의사결정 등 포퓰리스트의 특징을 그대로 보여주고 있다. 두 사람의 성공신화가 자신에 대한 과도한 확신을 갖게 해주고 그걸 계기로 정치인으로 변신했기에 효율성을 중시하며 자기중심적인 의사결정을 하게 되었다고 추론된다. 포퓰리스트의 권위적 리더십이 효과를 발휘하는 이유는 포퓰리즘이 등장하는 정치적 조건과 관련이 있다. 경쟁으로부터 낙오된 소외자들은 성공한 리더들이 자신도 그렇게 성공할 수 있게 해줄 것이라는 환상을 갖게 되기 때문이다. 페로와 안철수의 지지자 특성을 경험적으로 비교한 결과 정치 불신자가 아니라 정치 냉소주의자이며, 젊은 층과 비도시지역으로부터 많은 지지를 받는다는 것을 발견했다.[8] 이상의 리더십에 대한 두 후보의 특징은 〈표 3-2〉에 정리했다.

〈표 3-2〉 페로와 안철수의 리더십 비교

정치인		로스 페로	안철수
출신 배경		부친이 사업가인 중상층 집안	부친이 의사인 중상층 집안
정치경력		컴퓨터 회사 CEO 출신 정치경력 전무/위원회 위원장 등 공적 서비스 경험있음	컴퓨터 회사 CEO 출신 정치경력 정치경력 전무/위원회 위원장 등 공적 서비스 경험있음
리더십	정치운영방식	정치의 사인화(私人化)	정치의 사인화 (진심의 정치 강조)
	리더십 기반	사적인 성공 신화 (애국심 마케팅 성공) 개인의 카리스마	사적인 성공 신화 (애국심 마케팅 성공) 공적 기부 및 멘토/존경 대상
	의사소통스타일	▪대중과의 원활한 소통 ▪선악구분, 단순, 간결, 명쾌	▪청년과의 원활한 소통 ▪애매모호한 어법으로 오해 불러 일으킴

• • •

8 증거는 V장에서 제시함.

리더십	리더십 스타일	■권위주의적 ■폐쇄적인 회사 동료 중심 ■위로부터의 개혁(풀뿌리 조직도 위에서 조직함)	■권위주의적 ■폐쇄적인 사적 친구 중심 ■위로부터의 개혁(일방적 공천)
	갈등해결방식	분열 경험, 갈등에 무기력	갈등의 제도적 해소 실패
	지지자 특성	정치 냉소주의자 젊은층/비도시지역	정치 냉소주의자 20대층/노년층/비도시지역

4. 페로와 안철수의 수사학 비교

1) 수사학 연구의 방법론

수사학에 대한 연구는 아리스토텔레스로부터 시작된다(전성기 외 2004). 최근에는 대통령을 중심으로 한 수사학 연구가 활발한 편이다(이창수 2008; 임순미 2010). 여기에 많이 사용되는 방법이 비평적 담화분석(Critical Discourse Analysis: CDA)이라고 할 수 있다. 비평적 담화분석은 권력관계를 중심으로 한 사회구조 속에서의 담화의 역할을 밝히는데 목적이 있다(Fairclough 1995a, 132; 임순미 2010에서 재인용). "구어와 문어 텍스트를 모두 포함하는 담화를 '사회적 행위의 한 형태'로 정의하며 이런 담화는 사회적 행위와 사회구조를 유기적으로 형성한다고 주장한다(임순미 2010). 하지만 포퓰리즘의 수사학은 기존 질서를 부정하기 때문에 사회적 구조를 보여준다고 말하기 어렵다. 다만 본 연구는 비평 담화분석의 방법을 받아들여 구어와 문어 텍스트를 분석의 대상으로 삼았다.

포퓰리스트 수사학 연구는 아직 체계적인 방법론이 구축되지 못했다. 포퓰리즘은 정의하기 어렵다고 할 만큼 국가마다 시기마다 사례마다 조금씩 다르게 나타나기 때문이다. 최근 포퓰리스트 대통령의 연설을 내용 분석한다든지 당의 강령을 계량화하거나, 서베이를 통해서 지지자들의 포퓰리즘을 측정하는 등 정성적·정량적 방법의 발전이 이루어지고 있다(Hawkins 2009; Pauwels 2011; Rooduijn and Pauwels 2011; Akkerman 외 2014). 안철수와 페로의 경우는 공식적인 연설이라곤 출마 선언문 정도이기 때문에 이러한 방법을 사용하는 게 불가능하다. 따라서 페로의 인터뷰, 자서전, 서적 등 다양한 문헌에 나타난 페로의 생각이나 발언을 중심으로 포퓰리스트의 특징을 발췌하여 문어와 구어의 텍스트 중심으로 분석했다. 안철수의 경우는 언론 인터뷰나 발언도 참조했지만 출마 선언문과 사퇴 연설을 텍스트 분석에 포함시켰다.

분석방법은 텍스트의 샘플을 미리 선별해서 특정한 프레임이나 단어를 추출하는 연역적 방법이 아니라 관련 문헌이나 연설, 기사에서 포퓰리즘적 특징이 보이는 구어와 문어를 선택하는 방법으로 진행했다. 〈표 3-3〉부터 〈표 3-5〉까지는 페로와 안철수의 포퓰리즘 수사학을 각각 세 가지 특징별로 나눠서 정리한 것이다. 페로는 군인의 언어처럼 힘이 있고 단순명쾌하다는 점에서도 포퓰리스트의 언어를 닮았다. 반면 안철수는 애매모호하고 분명하지 않다는 점에서 전형적인 포퓰리스트의 언어는 아니다. 하지만 아래와 같이 포퓰리스트의 특징을 드러내고 있다.

2) 동질적인 국민의 의지

페로와 안철수의 수사학적 특징 중에서 동질적인 국민의 의지를 가정하는 수사와 관련된 발언은 〈표 3-3〉에 요약되어 있다. 페로는 자신이 조직한 단체의 이름부터가 〈우리는 하나〉/〈우리는 하나의 미국〉과 같이 통합된 국민의 의지를 이상으로 하고 있다. 그가 출간한 책 제목은『우리는 하나: 우리는 어떻게 우리나라를 되찾을 수 있을까』로, 미래의 비전을 제시하는 게 아니라 과거의 이상을 복원한다는 것도 포퓰리스트의 전형적인 수사라고 할 수 있다. 안철수의 출마 선언문도 정당 간의 싸움을 부정적으로 인식하고 통합 정치를 추구한다는 점에서 유사하다. 국민 통합은 매우 중요하고 필요하다. 하지만 정치적 갈등은 피할 수 없는 자연스러운 현상이기에 정당이 존재하는 것이다. 국민 통합은 문제해결 과정을 통해 이루어지는 것이지 통합과 하나 됨을 상위의 가치로 간주하는 것은 반정치적인 면모라고 할 수 있다.

중도이념을 추구한 페로는 〈공화당〉과 〈민주당〉에서 각각 선거전략 컨설턴트를 영입했고 안철수는 보수와 진보 두 인사(윤여준, 한상진)를 창당준비위원장으로 임명했다. 특히 안철수는 상대가 무슨 말을 해도 "국민에게 답이 있다", "국민에게 물어보라"는 식으로 국민의 동질적인 의지를 가정했다. "이번 선거를 통해 새로운 변화를 원하는 국민의 마음이 하나로 모아지면 좋겠습니다"라는 출마 선언문은 마치 자신의 출마로 인해 국민의 의지가 하나로 뭉칠 수 있는 것으로 가정하는 전형적인 포퓰리스트적 수사를 구사하고 있다.

〈표 3-3〉 동질적인 국민의 의지를 보여주는 두 후보의 수사학

후보	텍스트	출처
페로	The United We Stand	페로의 운동조직
	The United We Stand America	페로의 압력집단
	말만 앞세우지 말라. 젠체하지도 말라. 서로 험악하게 물어뜯지도 말라. 밤마다 전국을 돌아다니면서 서로에게 돌을 던지는 짓도 그만두자. '이건 모두 전적으로 민주당의 잘못이다. 아니야, 모두 공화당의 잘못이야.' 나는 이들을 모두 한방에 불러 놓고 말하고 싶다. '잘 들어보시오, 멍청이 나리들. 제발 우리들을 위해 일해 주시오.' (1992년 1월 5일)	Chiu 1992, 254
안철수	이것이 바로 국민들이 원하는 덧셈의 정치, 통합의 정치라고 저는 생각합니다.	출마 선언문
	이번 선거 과정부터 국민의 생각이 하나로 모아지는 첫걸음을 시작했으면 좋겠습니다. 이번 선거를 통해 새로운 변화를 원하는 국민의 마음이 하나로 모아지면 좋겠습니다.	출마 선언문
	국민의 당 창당과 함께 여야에서 윤여준, 한상진 공동창당준비위원장을 위촉	
	지금까지 혁신 노력에 대한 평가는 국민께 물어보아야 한다는 점을 다시 강조합니다(문재인이 혁신안에 대해 질문하자).	15년 9월 6일 기자회견
안철수	"대북문제에 대해서 보수적인 입장을 갖고, 교육문제에 대해서 진보적인 시각을 갖고 있으면 진보인가 보수인가? 그것은 나눌 수가 없다. 그것을 나누고 분열함으로써 이득을 보는 사람들이 이런 짓을 한다."	MBC시사매거진 2580 (2011년 9월 4일)

3) 매개제도에 대한 불신과 정치의 사인화(私人化)

다음으로는 기득권과 제도에 대한 적대감/불신을 보여주는 수사학을 〈표 3-4〉에 정리했다. 페로의 선거 캠페인은 두 개의 주제로 요약될 수 있다. 연방정부의 재정적자와 엉망진창인 워싱턴이 그것이다(Rosenstone 외 1996, 236-37). 그는 재정적자를 해결하기 위해 지출을 줄이고 대통령의 예산항목별 거부권(line item veto)을 신설하고, 세제혜택을 줄이고 담배와 유류세를 인상하겠다고 공약했다. 그는 또한 일본과 독일에게 아시아와 유럽을 방어하기 위해 정당한 분담금을 내도록 요구하겠다고 주장했다. 워싱턴의 문제를 해결하기 위해 국회의원들이 누리는 특혜, 예를 들면 공짜 비행기표, 체육관, 이발소, 우편요금 등을 없애겠다고 공약했다. 많은 미국인들에게 페로가 인기가 있었던 이유는 페로가 엄청난 자산가였기 때문에 국가의 재정 문제도 해결할 수 있을 거라는 믿음을 주었기 때문이다(Rosenstone 외 1996, 237).

안철수 또한 구체적으로 제안한 정치혁신안이 대부분 반정당, 반의회 정서로 일관된다. 특히 벤처기업 CEO로서 대기업을 LG동물원, 삼성동물원에 비유해 비난함으로써 많은 젊은이들의 환호를 샀는데 이는 기득권에 대한 적대감이 표현된 것으로 볼 수 있다. 안철수의 출마 선언문은 정치제도에 대한 적대감보다는 제도보다 사람을 우위에 두는 사람중심의 정치(진심)를 선호한다는 점이다. 이를 정치의 사인화(personalization)라고 할 수 있는데, 제도정치를 우회해서 리더의 개인기에 의존하는 포퓰리즘의 특징이라고 볼 수 있다. 안철수의 2012년 캠프의 이름은 진심캠프였고 "사람의 선의가 강력한 힘이 될 수 있다"는 걸 증명하겠는 연설 또한 사인화의 특징을 드러낸다.

〈표 3-4〉 매개제도와 기득권에 대한 적대감/정치의 사인화 수사학

후보	텍스트	출처
페로	그곳(의회)에 있는 사람들은 얘기만 한다고 해서 문제점이 해결되는 것은 아니라는 것을 알아야 한다. 이제 삽을 들고 나가 마구간 청소를 할 때가 되었다는 것을 알아야 한다. 정치권이 얼마나 부패했는가를 보여주는 좋은 예는, 처음에 '내 입술을 봐라. 신설 세금은 절대로 없다.'라고 해 놓고서는, 그 다음에 세금 및 예산에 관한 회의를 소집하고서는, 의회와 백악관이 서로 싸우는 것이다. 의회와 백악관은 서로 손을 맞잡고 미국민들의 이익을 위해 함께 일해야 한다.(1992년 1월 5일)	Chiu 1992, 255-256
	우리 정부는 완전히 엉망이다. 정부에 있는 사람들은 우리가 낸 돈으로 왕족처럼 행동하며 살고 있고, 반면에 우리들 대부분은 그저 평범한 생활을 영위하기 위해서 두 가지 직업을 가져야 할 정도다.(1992년 3월 24일)	Chiu 1992, 258-259
	불행하게도 워싱턴은 철저한 험담과 사기도박과, 조련사와 미디어 스턴트맨으로 가득 찬 도시로 변했다. 이들은 포즈를 취하고 이미지를 만들어 주고 얘기하고, 또 로마 폭죽을 터뜨리지만 아무것도 이루어 놓은 것은 없다. 만약 그들이 이 문제에 대해 토론하길 원한다면 나는 기꺼이 내 돈을 들여서라도 텔레비전 시간을 사겠다.(1992년 3월 18일)	Chiu 1992, 206
	정치체제는 부패했고 연방정부는 거덜 났고 미국경제는 외국인 투자자에게 팔리고 있었다. 이제는 분연히 일어나서 저항할 때이다.	Rosenstone 외 1996, 235
	"페로는 두 가지 포퓰리스트 신화를 결합하고 있다; 비효율적이고 비효과적인 정부와 영웅/외부자는 정부의 변화와 개혁을 이끌어낼 수 있다는 것"	Schedler, 1997, 126-127

안철수	국회의원 수 감축, 중앙당 폐지, 정당 국고보조금 축소, 기초단체 정당공천 폐지	정치개혁 선거공약
	생태계를 만드는 애플과 달리 동물원을 만든 삼성, LG 등 대기업 때문에 벤처회사가 성장하지 못 한다.	안철수의 생각
	국민들의 민의를 반영하지 못하는 정치 시스템, 빈부격차가 심해지고 일자리를 창출하지 못하는 경제 시스템, 계층 간의 이동이 차단된 사회시스템, 공정한 기회가 부여되지 않는 기득권 과보호 구조, 지식산업시대에 역행하는 옛날 방식의 의사결정구조, 이와 같은 것들로는 미래를 열어갈 수 없습니다.	출마 선언문
	"정치가 이래서는 안 된다"는 겁니다. "문제를 풀어야 할 정치가 문제를 만들고 있다"고 하셨습니다. "국민들의 삶을 외면하고 국민을 분열시키고, 국민을 무시하고, 서로 싸우기만 하는 정치에 실망하고 절망했다" 하셨습니다.	출마 선언문
	저는 세상을 움직이는 것은 진심이라고 생각합니다. 진심의 정치를 하겠습니다.	출마 선언문
	사람의 선의가 가장 강력한 힘이 될 수 있다는 것을 국민 여러분과 함께 증명하려고 합니다.	출마 선언문

4) 소명의식과 양면적인 권력의지

끝으로 권력의지는 없지만 소명의식으로 정치를 하겠다는 점에서도 두 후보는 유사한 발언을 하고 있다. 페로는 1992년 2월 20일 CNN의 래리 킹 생방송(Larry King Live)에 나와서 만일 그의 지지자들이 50개 주의 투표용지에 자신의 이름을 올린다면 무소속으로 출마할 의향이 있다고 밝힌다. 페로는 자신을 "마지못한 출마자(a reluctant candidate)"라고 묘사했다. "국민—이 나라의 주인—이 로비스트, 특수 이익, 의원들에 대항해서 선거에 출마시킬 수 있는" 애국자라는 것이다. 그는 대통령이 될 생각이 없기 때문에 국민이 그를 공복으로 소명할 때에만 출마하겠다고 말한다 (Rosenstone 외 1996, 236).

〈표 3-5〉 양면적인 권력의지와 소명의식 관련 두 후보의 수사학

후보	텍스트	출처
페로	나를 출마하게 만들 수 있는 시나리오가 유일하게 하나 있긴 하다. 만약 50개 주에서 사람들이—지금 우리가 흔히 그러듯이 계획에 맞추어서 또는 지휘를 받아서가 아니라—자의에 의해서 소신껏 거리로 뛰쳐나와, 48개 또는 49개 주가 아니라 50개 주 모두에서 나를 경선 후보로 올려놓는다면, 그러면 나는 출마할 것이다.(1992년 3월 18일)	Larry King Live Chiu 1992, 198
	국가가 위기에 처해 있을 때만, 나는 내 임무를 수행할 것이다.(1973년 5월 26일)	Chiu 1992, 188
	아니다. 관심이 없다. 대통령이 되고 싶지 않다.(1992년 1월 5일)	Chiu 1992, 193
안철수	저는 제 역량에 대해 고민했습니다. 국가의 리더라는 자리는 절대 한 개인이 영광으로 탐할 자리가 될 수도 없고, 되어서도 안 된다고 생각합니다.	출마 선언문
	저에게 주어진 시대의 숙제를 감당하려고 합니다. 더 나은 미래를 만들기 위해 싸워야 한다면 정정당당하게 싸울 것입니다.	출마 선언문
	제게 주어진 시대의 역사와 소명 결코 잊지 않겠습니다. 그것이 어떤 가시밭길이라고 해도 온 몸을 던져 계속 그 길 가겠습니다.	사퇴 기자회견
	국민 여러분께서 저를 불러주신 고마움과 뜻을 결코 잊지 않겠습니다.	사퇴 기자회견

페로가 돌연 캠페인을 중단하고 후보직을 사퇴할 때 제시한 표면적인 이유는 부시 후보 캠프 측에서 자신의 딸의 결혼식 사진을 컴퓨터로 조작해서 결혼식을 망치겠다고 협박했기 때문이

라는 것이다(Berke 1992). 진짜 이유에 대해서는 추측이 분분하다. 자신에 대한 부정적 검증을 피하기 위한 것이란 설도 있고, 선거자금을 쓰지 않기 위한 전략이라고도 한다. 실제로 그때까지 페로는 선거비용을 제대로 써 본 적이 없다고 한다(Rosenstone 외 1996, 240). 7주 후에 페로는 다시 공식적으로 캠페인에 뛰어들었다. 페로는 사퇴하는 즉시 언제 다시 들어올 것인지를 면밀하게 계산했다고 한다(Turque 1992). 따라서 페로의 사퇴는 계획된 것으로 보인다. 페로는 그 일자리가 필요 없다고 주장했지만 2번이나 대선에 출마했다.

안철수 또한 자신이 권력의지가 없음에도 왜 대통령에 출마했는지 국민의 소명을 강조하는 데 출마 선언문의 상당히 많은 지면을 할애했다. 사퇴문에서도 국민의 소명을 언급하는 걸 잊지 않았다. 하지만 그가 최근 분당과 창당을 하게 된 배경에는 2016년 총선보다는 2017년 대선 출마를 겨냥했다는 게 많은 이들의 해석이다. 두 사람의 수사학에는 소명의식과 강한 권력욕이라는 양면적인 권력의지가 드러난다. 이러한 수사학의 예는 〈표 3-5〉에 정리되어 있다.

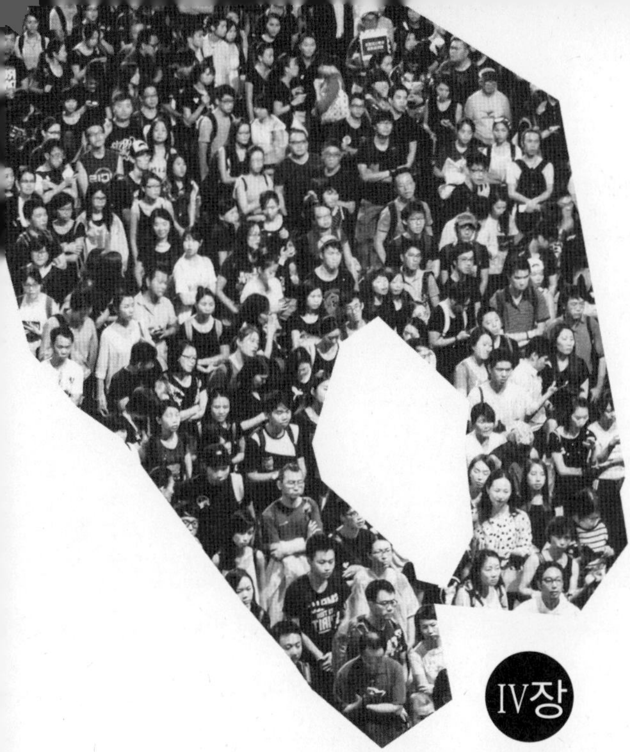

IV장

안철수 현상의 동인:

정당 불신 혹은 정치 냉소주의?[9]

1. 문제의 제기

안철수 현상은 거품이나 신기루로 끝난 것인가, 아니면 앞으로 한국 정치는 여전히 제2, 제3의 안철수 현상을 만들어낼 가능성이 있는가. 이에 대한 답을 찾기 위해서는 안철수 현상을 만들어낸 동인이 무엇인지, 안철수 현상이 한국 정치에 무엇을 남겼는지에 대한 연구가 필요하다.

안철수 현상에 대한 이해는 대통령제, 양당 중심제 등 제도적 유사점이 많은 미국의 제3당 후보 혹은 제3후보의 등장을 설명하는 이론으로부터 시사점을 얻을 수 있을 것이다. 여기에는 크게 두 가지 입장이 존재한다. 첫째, 미국의 제3후보는 정치 불

•••

9 IV장은 "안철수 현상의 동인: 정치 불신 혹은 정치 냉소주의"『한국 정치연구』를 일부 삭제하고 수정하여 재사용했다.

신, 혹은 정부에 대한 불신에서 비롯된다는 주장이다(Peterson and Wrighton 1998). 하지만 이에 대한 반론도 존재한다. 선거 과정에서 기존 정당에 대한 제3후보의 불신이 그의 지지자에게 영향을 미쳤을 뿐, 제3후보 지지자들이 원래부터 다른 종류의 유권자는 아니라는 것이다. 오히려 제3후보 지지자들의 가장 큰 특징은 기존 정당에 대한 일체감이 약해 전통적으로 투표를 잘 하지 않던 집단이라고 한다(Koch 1998).

한국에서 안철수 현상에 대한 입장도 크게 두 가지로 대별될 수 있다. 하나는 안철수 캠프의 박선숙 선대위원장의 "안철수 후보가 출마하고 꾸준하게 지지를 받고 있는 것은 한국 정당 대표체계의 실패를 반증한다. 오랫동안 정당을 지지해 오던 분들이 왜 당 밖의 안철수 후보를 지지하는지 돌아봐야 한다"(선대식 2012)는 발언에서 찾을 수 있다. 안철수 현상은 새로운 정치에 대한 열망의 표현이므로 정치에 대한 불신이 원동력이라는 주장이 주를 이룬다(장훈 2011).

실제로 한국의 제도나 기관 중에서도 가장 국민의 불신을 받는 건 정당이다. 전 세계적으로도 정당은 다른 모든 기관을 제치고 정치 신뢰에서 최하위를 차지한다. 정당이 국민적 신뢰를 잃다보니 정치 불신은 주로 정당을 향하게 된다. 이 때문에 많은 논평가들은 높은 정치 불신이 안철수를 불러냈고 안철수 현상의 이면에는 정당 불신이 자리 잡고 있다고 주장한다. 이러한 주장은 안철수의 정치 진입은 매우 환영할만한 일이며 그의 성공은 한국 정치발전의 이정표가 됨을 시사한다. 만일 그가 무소속 후보로 대선

출마에 성공했다면 반정당 세력의 승리 혹은 양대 정당체계를 뛰어넘는 제3세력화의 성공이라고도 할 수 있을 것이다. 이런 시각에서 볼 때 안철수의 정치적 실패는 한국 정당의 실패이며 한국 정치의 후퇴임을 시사한다는 해석도 가능하다.

다른 시각은 안철수 현상이 새로운 정치에 대한 열망을 일정 부분 반영하는 것은 사실이지만 전통적인 민주당 지지자와 비정치적인(apolitical) 유권자라는 매우 이질적인 집단에 의해 추동되었기 때문에 결국은 세력화에 실패할 것이라는 입장이다(조기숙 2012). 소선거구 다수제라는 선거제도의 제약을 고려할 때 안철수의 지지를 기존 양대 정당 내에 제도화하지 않으면 안철수 현상이 한국 정치에 긍정적인 영향을 미치기 어렵다는 입장이다. 이 시각은 안철수 현상을 추동했던 정치 냉소주의자들은 기존 정당에 편입되기 어렵기 때문에 안철수 현상은 실패할 수밖에 없으며, 안철수가 기존 정당에 편입되는 것이 오히려 한국 정당 발전에 긍정적인 영향으로 작용할 것임을 시사한다.

미국에서 제3후보에 대한 연구는 정치 불신(distrust)과 정치 냉소주의(cynicism)를 구분하지 않고 동일한 개념으로 사용하는 오류를 범했다. 하지만 양자는 엄밀히 다른 개념이므로 구분이 필요하다. 무당파 중에는 전통적으로 투표를 하지 않던 비정치적인(apolitical) 유권자뿐만 아니라 높은 수준의 정치적 관여를 보이는 '심의적 공중' 등 서로 다른 무당파가 존재한다(Dalton 2010; 박원호 등 2012에서 재인용). 따라서 제3후보를 추동한 동인이 정치 불신인지, 정치에 냉소적인 무당파인지에 대한 구분은 매우 중요하다.

이 책은 안철수 현상을 가져온 모든 요인에 대한 종합적 분석을 시도하지는 않는다. 위에서 제시했던 안철수 현상에 대한 두 시각에만 초점을 맞춰 동인을 규명하고자 한다. 이는 그동안 한국은 물론 미국 정치학계에서도 같은 용어로 사용되어왔던 정치 불신과 정치 냉소주의라는 개념을 구분함으로써 안철수 현상 혹은 제3후보에 대한 진단과 평가가 극명하게 엇갈릴 수 있음을 보여주고자 함이다.

실제로 안철수 현상에는 두 가지 요인이 모두 공존하는 것으로 보이는 것이 사실이다. 안철수 현상은 한편으로는 기존 양당 정당체계에 대한 불신과 새로운 정치에 대한 국민의 열망을 반영하는 것으로 보이는 측면이 있다. 안철수 지지의 동력이 무소속이나 제3당 지지자들로부터 나오는 게 그 이유이다. 하지만 다른 한 편으로는 안철수 현상의 절반은 민주당을 신뢰하는 전통적 민주당 지지자에 의해 추동되었다. 여기에 불을 붙인 건 정치 냉소주의자 혹은 비정치적(apolitical) 유권자라고 할 수 있다.

많은 논평가들이 안철수의 한국 정치에의 기여는 정치에 무관심한 사람을 정치에 관심을 갖게 만든 것이라고 주장한다. 하지만 정치 냉소주의자의 동원은 주로 비정치권에서 정치권으로 갑자기 진입하는 포퓰리스트에 의해 이루어진다는 점을 감안할 때, 그들의 동원이 정치에 긍정적인 영향을 미치는지는 논란의 여지가 있을 수 있다. 특히 최근엔 민주주의가 잘 발달한 국가에서도 포퓰리스트의 등장이 목격되는 경향이 있어[10] 이것이 한국 정치발전에 미치는 영향을 검토할 필요가 있다고 생각된다.

이에 IV장의 목적은 안철수 현상을 가져온 동인이 정치 불신인지, 정치 냉소주의인지를 이론적, 경험적으로 분석함으로써 그것이 한국 정치에 남긴 긍정적·부정적 영향을 살펴보고, 향후 전개 과정을 예측함으로써 안철수 현상이 한국 정치에 남긴 과제는 무엇인지 논의하고자 한다. 이를 위해 외국 선거에서 제3후보의 등장에 가장 많이 이용되는 정치 불신과 정치 냉소주의를 검토하고 안철수 현상을 설명하는 두 가지 가설을 제시한다. 다음으로 가설을 경험적으로 검증하기 위한 방법론을 설명하고 분석 결과를 제시한다.

2. 정치 불신과 정치 냉소주의

1) 정치 불신

오랫동안 양당제도가 흔들림 없이 유지되어온 미국에서도 대통령 선거에서 제3후보의 성공적 등장은 가끔씩 목격되고 있다. 1968년의 조지 월러스(George Wallace), 1980년의 존 앤더슨

10 벨기에처럼 의무투표제가 있는 나라에서 극우정당이나 포퓰리즘이 자주 등장하는데 그 이유는 불참의 대안을 찾지 못한 유권자가 정치 냉소주의에 동원돼 새로운 대안을 찾기 때문이라고 한다(Hooghe et al. 2011).

(John Anderson), 로스 페로(Ross Perot)가 그 경우이다. 제3후보의 시도는 모두 실패로 끝났지만 월러스는 14%의 표를 얻어 46명의 선거인단을 확보했고, 앤더슨과 페로는 선거인단 획득에는 실패했지만 각각 6.6%, 19%의 득표를 했다. 앤더슨은 근소한 선거에서 카터 후보에게 매우 절실했던 표를 빼어감으로써 선거 결과에 영향을 미치기도 했고(Peterson and Wrighton 1998) 페로는 제3후보로서 역사상 가장 높은 득표를 했다.

미국에서 제3후보의 등장이 미친 파장은 크지 않았지만 그 등장 배경에 대한 연구는 축적되어 있다. 위 세 선거를 관통하는 일관된 요인에 대한 경험적 연구를 수행한 피터슨과 라이톤(Peterson and Wrighton 1998)은 정치 불신이 가장 큰 동인이라고 주장한다. 페로의 등장에 대한 다른 연구들도 정치 불신이 가장 큰 동인이라는 데에 의견의 일치를 본다(Asher 1995; Gold 1995; Rosenstone et al. 1996; Zaller and Hunt 1995).[11]

미국에서 제3후보를 연구한 대부분의 학자(Howell 1994; Koch 1998; Peterson and Wrighton 1998)는 물론이고 정당에 대한 연구자들(Miller and Listhaug 1990)도 정치 불신(distrust)과 정치 냉소주의(cynicism)를 동일한 개념으로 사용해왔다. 하지만 유의미한 정치분석을 위해서는 양자를 구분할 필요가 있다는 주장이 제기되었다(Krouwel and Abts 2005). 양자는 개념뿐만 아니라 정치분석에 시사

...

11 이 문헌들은 코치(Koch 1998)에서 재인용한 것으로서 참고문헌에 포함시키지 않음.

하는 함의도 다르므로 양 개념의 구분은 매우 중요하다.

정치 불신은 정부나 정치인을 신뢰하지 않는 태도이므로 정치 불신은 정부 불신과 동의어로 사용되어왔다. 연구자들은 주로 밀러(Arther Miller 1990)가 개발한 정부에 대한 불신을 경험적 척도로 사용하고 있다. 피셔 등(Fisher et al. 2010; Hooghe 2011에서 재인용)은 정치 신뢰에는 적어도 세 가지 차원이 있다고 주장했는데 정치 신뢰는 기본적으로 한 차원이라는 반론이 제기되었다(Hooghe 2011). 휴(Marc Hooghe)는 정치 불신은 알몬드(G. Almond)와 버바(S. Verba)가 오래전 발견했듯이 정치체제 내에 존재하는 정치문화라는 것이다. 따라서 한 차원일 수밖에 없으며 이는 정치 불신과 정부 불신을 동일한 것으로 사용해도 무방함을 의미한다.

피터슨 등(1998)은 제3후보의 등장이 정치 불신에서 비롯되는 가장 큰 이유는 정치에 대한 불만 때문이라고 주장한다. 그 이유로 노르웨이, 미국, 스웨덴 3개국의 정치 불신과 제도의 관계를 다룬 연구(Miller and Listhaug 1990)를 인용한다. 이 연구에 따르면 1964년 이후 이 세 나라에서 모두 정부 신뢰가 하락했는데 후에 노르웨이에서만 신뢰가 회복된 것으로 나타난다. 그 이유는 미국이나 스웨덴의 정당제도가 경직된 데 비해 노르웨이는 새로운 정당의 진입이 용이해 신당이 그동안 주요 정당을 외면했던 유권자에게 만족감을 줌으로써 정부 신뢰를 향상시켰다는 것이다. 달튼(Dalton et al. 2005) 등도 정당에 대한 불신이 투표 참여를 저하시키고 정당체계의 파편화를 초래한다고 주장한다. 이러한 기성정당에 대한 불신이 저항 정당의 탄생을 가져오거나 반정당(anti-party) 투표의 원인이 된다는 것이다. 주요 정당의 실패가 제3후보에 대한 투표로 나타났다는 주장은 경험적으로도 확증된다(Chressanthis et al. 1993).

그러나 정치 불신이나 정당 불신이 투표율을 낮추지는 않는다는 반론도 적지 않다(조기숙 외 2002; 강원택 2010; Bromley et al. 2004; de Vreese. 2005). 오히려 정치 불신이 현실정치를 개혁하려는 참여로 이어지기 때문이다. 또한 정치 불신은 정치적 업적에 따라 가변적인 변수임을 보여주는 증거가 존재한다. 즉, 정당체계가 견고해 제3당의 진입이 어려운 미국에서도 정부 신뢰가 향상된 시기가 있었으니 바로 레이건과 클린턴 정부 기간이었다. 대통령의 리더십이 정치 신뢰를 향상시키는데 기여했기 때문이다(Citrin and Green 1986). 이는 정치 신뢰는 상수가 아니라 정치에 대한 평가에 따라 변할 수 있는 변수임을 시사한다.

더 나아가서 휴(Hooghe 2011)는 민주주의에서 정치 불신은 자연스러운 현상일 뿐 아니라 필요한 현상이라며 국민이 정부를 무조건 신뢰한다면 정부에 대한 견제가 가능하겠냐는 의문을 제기한다. 즉, 너무 낮은 정치 신뢰는 체제의 정통성에 의문을 제기하게 되겠지만 정치인과 정치체제에 대한 적당한 불신이 민주주의에 부정적인 영향을 미치지는 않는다는 것이다. 따라서 만일 제3후보 등장의 원인이 정치 불신이라면 기성 정치권에 자극을 주고 새로운 대안을 제시하도록 만들 수 있어 민주주의 체제에 순기능을 한다고 할 수 있다.

2) 정치 냉소주의와 포퓰리즘

미국에서 제3후보의 등장이 정치 불신 때문이라는 대다수의 연구는 도전을 받았다. 선거 전후의 페로 지지자를 비교한 한 연구에 따르면 선거 전에는 그들이 특별히 양당 지지자들과 달리 정치를 불신한다는 증거는 없다는 것이다. 오히려 정치 불신을 선거운동에 동원한 페로의 영향을 받아 선거 후에 그 지지자들 사이에 정치 불신이 높은 것으로 나타났다고 한다. 이들이 주요 정당 지지자와 차이가 있다면 젊은층이거나 정당 일체감이 약해 투표 참여율이 낮았던 점을 꼽는다(Koch 1998). 이는 페로가 워싱턴의 무책임, 부패, 무반응을 비판하는 선거운동으로 지지자들 사이에 정치 불신을 불러일으키는데 성공했음을 의미한다.

이 연구는 지지하는 정책에 있어서도 주요 정당 지지자와 페로 지지자 사이에 큰 차이가 없다고 주장한다. 그렇다면 페로가 제3후보로서 유례없이 높은 득표율을 기록했는데 그 이유는 어디에 있는가? 선거 전에는 페로 지지자들이 주요 정당 지지자에 비해 정치에 대한 지식이나 관심이 적었는데 선거 후에는 정치 관심의 향상이 주요 정당 지지자들에 비해 높은 수준으로 이루어진 것으로 나타난다. 이것이 평소에 투표를 하지 않던 페로 지지자들의 투표 참여를 이끌어냄으로써 1992년 대선의 투표율을 올린 이유라는 것이다.

페로에 대한 또 다른 경험적 연구도 페로가 워싱턴에 대해 분노한 유권자(angry voters)를 동원했다는 주장이 사실이 아니라고 주장한다(Alvarez and Nagler 1995). 이 연구는 과거 제3후보의 경우처럼 경제에 대한 불만이 제3후보 지지로 이어진다는 가설도 페로의 경우에는 해당되지 않으며 오히려 경제에 대해 불만을 가진 유권자들이 빌 클린턴(Bill Clinton)을 지지했다고 한다. 이 연구는 페로의 성공은 돈으로 표를 산 데에 있다고 주장한다.

제3후보의 등장을 설명하는 기존의 이론을 모두 반박한 골드(Gold 1995) 또한 정치에 대한 불신은 페로가 출마했던 1992년보다는 앤더슨이 출마했던 1980년에 훨씬 높았으므로 정치 불신이 제3후보의 동인이라는 주장은 설득력이 없다고 주장한다. 또한 정당의 약화는 1968년 이후 지속적으로 이어진 현상인데 갑자기 페로의 성공이 정당의 약화 혹은 반정당 정서라는 주장도 논리적이지 않다는 것이다. 지지자들이 평가하는 후보자의 매력을 고려해보아도 페로 지지자의 페로에 대한 매력은 다른 주요 정당 지지자의 자당 후보에 대한 매력에 비해 떨어지는 것으로 나타났다. 골드는 페로 지지자들이 특정한 정책적 이슈에 의해 소외된 유권자도 아니며, 정책에 대한 관심이 주요 정당 지지자에 비해 높지도 않다고 주장한다. 월러스 지지자 중 구체적인 정책을 거론한 유권자가 70%인데 비해, 페로를 지지하는 이유로 정책을 거론한 유권자는 14%에 불과한 것으로 나타났다. 결론적으로 골드도 페로의 예상 밖의 성공은 주요 정당 후보만큼이나 돈을 많이 사용함으로써 미디어 노출이 큰 것이 이유라고 주장한다.

위의 연구들은 정치 불신과 정치 냉소주의를 구분하지 않았고 명시적으로 페로가 정치 냉소주의자를 동원했다고 주장하지는 않는다. 하지만 페로의 성공과 이전의 앤더슨이나 월러스의 등장 배경이 매우 다름을 보여주고 있다. 1980년 앤더슨이 정치 불신을 동원했다면 페로는 비정치적인(apolitical) 유권자 혹은 정치 냉소주의자를 동원했음을 시사한다. 월러스가 구체적인 정책에서 소외된 유권자를 동원했다면 페로는 정책에 대해 별 관심이 없는 유권자를 동원했음을 보여주고 있다. 와텐버그(Wattenberg 1993; Gold 1995에서 재인용) 또한 페로가 반정당 정서라기보다는 정당과 무관한 유권자들의 지지를 동원했다고 말한다.

정치 냉소주의는 기본적으로 "정치인, 정치제도, 정치체제를 전반적으로 악으로 간주하는 뿌리 깊은 신념으로 구성된 태도"(Schyns et al. 2004, 3; Krouwel and Abts 2005에서 재인용)라고 정의된다. 따라서 정치 냉소주의자는 누가 정치를 해도 어차피 정치는 변하지 않을 것이라고 생각한다. 정치 냉소주의는 정치에 대한 관심, 기본 지식이나 이해의 부족에서 비롯될 가능성이 높고 따라서 투표율이나 정치 참여를 낮추는 데에도 일정부분 기여한다(Citrin et al. 1999 참조). 정치 불신자는 구체적인 대상에 대한 평가적 태도를 가지고 있고 대상의 업적에 따라 평가를 달리 한다면, 정치 냉소주의자는 개인적인 성향으로서 정치에 대한 일반적인 불신을 가지고 있고 정치에 대한 이해를 높이기 위한 학습을 하지 않기 때문에 정치인이 이들을 설득해 태도를 바꾸게 하는 것이 쉽지 않다.

정치 불신의 원인이 매스컴 때문이라는 주장도 여러 차례 제기되었다(Patterson 1993; Nye 외 1997). 그러나 만일 매스컴이 정치 불신의 원인이었다면 오늘날과 같은 매스컴의 홍수 속에서 정치 불신은 점점 더 증가하게 될 것이다. 그러나 정치 냉소주의자는 신문을 읽지도 않고 언론을 통해 정치를 접하지도 않는다고 한다 (Bromley et al. 2004). 즉, 언론이 정치 불신을 가져온다기보다는 정치를 잘 모르는 사람일수록 정치를 냉소할 가능성이 높다고 할 수 있다. 한국에서도 정부에 대한 지식이 정부 신뢰를 높여준다는 연구결과가 있다(박순애 2006). 즉, 정치 냉소주의의 가장 큰 적은 정치 그 자체라기보다는 정치에 대한 이해 부족이라고 할 수 있다.

정치 냉소주의가 정치 불신보다 위험한 이유는 이들이 주로 정치권 밖의 포퓰리스트의 갑작스런 등장에 의해 동원되기 때문이다. 포퓰리스트는 대의민주주의의 작동 오류를 강조하면서 국민의 문제를 해결하는 데 무능한 기존 엘리트를 비판하며 부정적인 정치 평가를 동원한다. 포퓰리스트는 정치체제에 대한 불신을 동원하고 강화하며, 체제에 대한 신뢰를 포퓰리스트 리더의 역량에 기초한 개인적 신뢰로 대체하면서 정치적 불만을 동원한다. 이와는 반대로 체제에 대한 신뢰란 기본적으로 눈에 보이지 않는 전문가와 제도를 통해 움직이는 체제의 작동성에 대한 신뢰를 의미한다(Krouwel and Abts 2005; Kitschelt 2002).

페로의 성공이 과거 제3후보의 등장을 설명하는 이론에 의해 설명되지 않는 이유는 페로가 포퓰리즘을 사용했기 때문이라고 생각된다. 페로는 기업 경영에서의 성공을 바탕으로 워싱턴 정치를 무능하고 무책임하다고 공격함으로써 정치에 관심이 낮은 층, 젊은층, 비정치적인 유권자, 정치 지식이 낮고 정책을 잘 모르는 정치 냉소주의자를 동원하여 정치 불신층으로 전환시켰다고 할 수 있다. 이러한 캠페인이 성공했던 이유는 엄청난 자산으로 지속적인 매스컴 노출을 통해 성공적인 캠페인을 펼친 데에 있다는 것이 대체적인 평가이다. 이처럼 제3후보의 등장이 정치 불신인지 정치 냉소주의인지는 민주주의에 대해 시사하는 바가 매우 대조적이라고 할 수 있다.

3. 안철수 현상에 대한 가설

안철수 현상이 정치 불신이나 정당 불신자에 의해 추동되었는지, 혹은 정치 냉소주의자에 의해 추동되었는지는 매우 중요한 연구 문제이다. 미국에서 제3후보의 성공 이유가 후보마다 다르듯이 한국에서도 안철수는 기존의 제3후보와 다른 것이 사실이다. 만일 정당 불신이 주요 동인이었다면 안철수는 새로운 정치에 대한 열망을 담은 비전을 통해 그 지지를 이어갈 수 있을 것이다. 그러나 안철수 현상이 정치 냉소주의자에 의해 추동되었다면 그 지지 자체가 안정되지 않으며 안 후보가 정치인이 되는 순간 또 하나의 정치인으로서 냉소의 대상이 될 가능성이 높다. 안철수 현상이 정치 불신에 의해 추동되었다면 세력화에 성공할 가능성이 있지만, 정치 냉소주의가 주요 동인이라면 정치세력화 자체가 실패할 가능성이 매우 높다고 할 수 있다.

정치 불신은 1960년대 이후 전 세계적인 현상이 되었으나

(Nye 외 1997; Pharr and Putnam 2000) 우리나라의 경우도 정당이 다른 어떤 기관보다도 신뢰가 낮다는 것이 자료에 나타난다. 동아시아연구소의 2011년 신뢰조사에 따르면 청와대는 11위로 17위와 21위를 차지한 양 정당에 비해 높은 지지를 받았다.[12] 이는 안철수의 등장이 정치 불신에 기인한다는 주장을 어느 정도 뒷받침해준다고 할 수 있다.

그러나 정치 불신이 반드시 나쁘지도 않고 정치 참여를 낮추지도 않는다는 점을 앞에서 지적한 바 있다. 또한 한국에서도 정치 불신은 상수가 아니라 업적에 따라 달라지는 평가적 변수임을 보여주는 증거가 존재한다. 2011년 조사에서는 0이 가장 낮은 신뢰, 10이 가장 높은 신뢰로 가정했을 때 민주당(4.41/5.5, 평균 17위)이 한나라당(4.18, 21위)에 비해 높은 신뢰를 받았다. 그러나 2012년 4·11총선 직후 여론조사에 따르면 새누리당(2.22)과 민주당(2.19)에 대한 신뢰가 비슷한 것으로 나타났다. 즉, 우리나라에서도 정치 신뢰는 평가대상의 실적에 따라 달라지는 변수라고 할 수 있다.

따라서 우리 사회의 정치 신뢰, 특히 정당 신뢰가 늘 낮았다는 점을 고려한다면 왜 안철수만 다른 제3후보와는 다르게 정치 불신에 의해 폭발했는지 설득력이 떨어진다. 따라서 정치 냉소주의가 안철수 현상의 동인이라는 경쟁적 가설을 생각해볼 수 있

•••

12 동아시아연구원. 2011. "2011 파워기관 신뢰영향력 조사" EAI 여론브리핑 제107호, http://wwweai.or.kr/data/bbs/kor_report/2011122014592119.pdf (검색일: 2015.04.21.).

다. 여기엔 두 가지 이유가 있다. 첫째 안철수의 국회의원 정원 축소나 국고보조금 축소와 같은 정치쇄신 공약뿐만 아니라 기존 정치에 대한 불신을 담은 그의 수사가 앞에서 설명한 포퓰리즘을 닮고 있기 때문이다. 그의 정치쇄신안이 여론조사에서 압도적 다수 국민의 지지를 받기는 했지만 논평가로부터는 정치포퓰리즘이라는 비판을 받았다.[13] 실제로 안 후보의 담론은 포퓰리스트의 그것과 닮아 있다. 다양성이 기본인 민주사회에서 단일한 집단적인 국민의 의사가 존재하는 것처럼 발언하거나 정당과 같은 제도와 기성 정치권에 대한 불신을 표출했다. 그가 제안한 정치쇄신안도 대의제 불신과 맞닿아 있다.

두 번째 이유는 민주화 이후 한국 정당이 적어도 유권자 사이에서는 안정된 지지기반을 만들어냈으며(조기숙 2013) 양당에 반대하는 유권자가 증가했다기보다는 양당의 제도화가 진행되고 있다는 수많은 증거가 존재하기 때문이다. 이 때문에 양당을 불신하는 반정당 유권자보다는 정당에 관여하지 않는 비정당 유권자가 안철수 현상에 동원될 가능성이 높다고 가정할 수 있다. 2012년 대선이 있던 한 해 동안 양당의 지지도는 매우 안정되어 있었고 역대 대선 전의 정당 지지도와 비교해도 유례없이 높았다. 4·11총선에서도 무소속 후보와 제3당 후보가 몰락하고 양대 정당화가 일어났으며(김용호 2012), 양당 후보의 이념적 양극화(강원택 2012; 2013a)

---

13 손호철 교수는 각 후보의 정치쇄신안에 대해 문재인(B), 박근혜(C), 안철수(D) 학점을 준 바 있다(강민수·조재현 2012).

가 관찰된 바 있다. 지지자의 이념적 양극화는 2012년 대선에서 더 심화된 것으로 나타났다(강원택 2013a). 2002년 이후 현재에 이르기까지 무당파 유권자의 수는 오히려 약간 감소했으며 약한 정당 일체감을 갖는 유권자들의 정당 지지 성향이 강화되는 방향으로 변화가 있었다(박원호·송정민 2012)는 것이 그 증거이다. 실제로 강원택(2013b)은 안철수 지지자가 문재인 지지자에 비해 정당 관여성이 낮은 것으로 보이지만 과거 투표 성향으로 추론할 때 정파적임을 밝혀냈다.

고원(2014)은 안철수의 중도정치가 실패한 이유를 방향성 이론에서 찾고 있는데 그건 안철수가 등장했던 시기적 특징을 고려해야만 의미가 있다. 만일 안철수가 정당 해체의 시기에 등장했다면 다수의 무소속 성향의 유권자를 동원하면서 성공할 가능성이 없지 않기 때문이다. 안철수가 정치적 지향이 뚜렷했던 문재인에게 역전 당한 것은 2012년 한국의 정치 지형이 바로 위에서 설명한 양당 제도화의 과정에 있었기 때문이다. 따라서 정당에 대한 불신이 안철수 현상의 동인이라는 주장은 설득력이 떨어진다. 오히려 안철수 현상의 동인은 민주당에 대한 전통적 지지자와 민주당의 지지기반인 호남을 중심으로 추동된 만큼 정당 신뢰가 한 축을 담당하고 있고, 여기에 무당파 유권자 중에서는 정치 냉소주의자를 동원했을 가능성이 크다는 가설을 세운다.

4. 안철수 현상에 대한 경험적 분석

1) 검증 모형

이상에서 안철수 현상을 설명하는 정당 신뢰(정치 불신)와 정치 냉소주의라는 두 개의 가설을 제시하였다. 여론조사 결과를 통해 각각의 가설을 양변인 분석을 통해 살펴본 후 유의미한 변수를 모두 포함하는 모델로 다항 로지스틱 회귀분석을 실시하였다. 측정모델은 다음과 같다.

$$\log \{Pr(Y=j)/Pr(Y=j')\}$$
$$= \alpha + \beta_1 X_{1n} + \beta_2 X_{2n} + \beta_3 X_{3n} + \beta_4 X_{4n} + e \text{ 〔모형1〕}$$

j : 참조 범주 제외한 종속변인

j′ : 참조 범주

$X_{1\sim4n}$: 4n개의 독립변인

여기에서 j′는 박근혜 지지자, j는 안철수 지지자 혹은 문재인 지지자를 먼저 살펴보고, 문재인과 안철수의 지지자를 비교하기 위해 문재인 지지자를 참조 범주로 하고 안철수 지지자와 비교하였다. X_{1n}은 사회경제적 변수로서 연령, 수입, 성별, 화이트칼라, 블루칼라, 영남지역, 호남지역, 수도권 변수, 그리고 주관적인 계층(상류층 1, 나머지 0)을 포함했다. X_{2n}은 기타 정당 지지 및 무당파 변수가 포함되었다. 기타 정당 변수는 진보신당, 사회당, 자민련 등이 포함되어 있다. X_{3n}은 새누리당 신뢰와 민주당 신뢰 변수이다. 신뢰와 불신은 차원이 다른 별개의 태도일 수 있다(박통희 1999; Lewicki, McAllister, and Bies 1998). 그러나 본고는 경험적 검증을 위해 정당 신뢰와 정당 불신 사이에 일정한 관계가 있다고 가정한다. 정당에 대한 신뢰를 보면 안철수 후보에 대한 지지가 기존정당에 대한 불신에서 비롯되었는지 이 연구의 핵심 가설을 검증할 수 있기 때문이다.

X_{4n}는 정치 냉소주의를 측정하는 설문 2개를 사용하였다. 불행하게도 정치 불신과 구분되는 정치 냉소주의에 대한 측정자는 현재까지 어느 나라에도 존재하지 않는다. 지금까지 정치 냉소주의를 측정한 연구들은 주로 Cappella and Jamieson(1997; Quenette 2013에서 재인용)의 네 가지 요인을 사용했는데 이는 정치인과 정치제도에 대한 불신을 포함할 뿐 정치 불신 측정과 큰 차이가 없다고 할 수 있다. 본 연구가 사용한 자료 또한 본 연구자가 설문조사를 개발한 것이 아니라 2차 분석인 관계로 정치 냉소주의에 가장 가깝다고 생각되는 설문 2개를 선택하여 사용하였다. 정치 냉소주의는 정치의 구체적 대상에 대한 가변적인 평가를 담고 있기보다는 정치 그 자체에 대한 총체적인 불신을 담고 있다고 할 수 있다. 따라서 "사람이 바뀌면 정치가 바뀐다"와 "여당/야당이 집권하는 것에 따라 국민 생활에 큰 차이가 있다"는 설문을 사용하였다.

2) 자료

앞에서 제시한 가설과 모델을 검증하기 위해 두 가지 자료를 사용했다. 2012 국민의식조사는 서울대학교 한상진 사회연구소가 수행한 패널 조사이다. 2012년 2월부터 4월까지의 기간 동안 두 차례 이루어졌으며 전국 성인 1026명을 대상으로 웹 및 전화면접이 수행되었다. 사후 설문조사의 표본은 811명이다. 안철수 현상의 추동요인을 조사하기 위해서는 안철수 현상이 강하게 불던 초기의 자료를 사용할 필요가 있다. 또한 대선 과정에서 안철수 지지와 관련해 변화된 태도를 측정하기 위해 대선 직전의 설문 결과와 비교했다. 미디어리서치 정기조사는 11월 18–19일 양일간 1000명을 대상으로 전화 조사한 결과(비공개)이다. 통계 분석은 SPSS 통계 프로그램을 사용하여 수행하였다.

5. 결과

1) 경험적 결과: 양변인 분석

안철수 후보가 기존의 양당체제를 모두 부정하는 무소속 후보 혹은 반정당 후보로서 성공했다는 증거는 적어도 안철수 현상이 뜨거웠던 4·11총선 직후에는 찾을 수 없었다. 안 후보가 기타 정당 지지자나 무당파의 지지를 문재인 후보에 비해 더 많이 받는지 비교해보았으나 안 후보와 문 후보 사이에 큰 차이가 발견되지 않았기 때문이다(표 4-1). 안철수 후보는 문재인 후보에 비해 민주당 지지자에서는 4% 덜, 무당파에서는 7% 더 지지를 받는 것으로 나타났다. 새로운 정치에 대한 기대를 보여주는 증거라고 생각되는 무당파 지지자들 또한 문 후보에 비해 안 후보를 더 지지한다는 증거는 미약했다. 기존의 주요 정당 모두를 거부하는 통합진보당 지지자 사이에서는 문 후보가 안 후보보다 더 높은 지지를 받고 있는 것으로 나타난다. 기타 정당에서는 안 후보가 문 후보보다 더 많은 지지를 받는 것이 사실이지만 표본의 차이가 크지 않아 통계적 유의미성은 없는 것으로 판단된다. 따라서 양당에 대한 불신이 안철수 현상을 추동했다고 보기에는 무리가 있다.

〈표 4-1〉 박근혜, 문재인, 안철수 지지(1)와 정당 지지(%)

정당 지지	대선 지지후보		
	박근혜	문재인	안철수
새누리당	59.1	3.7	5.9
민주통합당	5.4	42.4	38.1
통합진보당	1.2	12.2	5.7
기타 정당	1.2	1.6	3.2
지지정당 없음	33.1	40.0	47.0
N	411	245	370

출처: 2012 국민의식조사(한상진 사회연구소)

(1) "올해의 대통령 선거에서 만일 다음의 후보들이 경쟁한다면 선생님께서는 어느 후보를 지지하시겠습니까?"(1: 박근혜; 2:

문재인; 3: 안철수)

보다 구체적으로 각 후보 지지자의 태도를 통해 안철수 현상이 새로운 정치에 대한 기대를 반영하고 있는지 검증해보았다(표 4-2). 안 후보가 새로운 정치에 대한 기대를 나타내기는 하지만 이러한 기대는 안 후보와 문 후보 모두에게 반영되어 있어 양자 사이에 큰 차이를 찾기 어려웠다.

〈표 4-2〉 박근혜, 문재인, 안철수 지지자들의 정당 불신도(%)

현재의 정당제도는 유권자의 선호를 반영하지 못하므로 기존의 정당이 아닌 새로운 정당의 출현이 불가피하다	대선 지지후보		
	박근혜	문재인	안철수
전혀 그렇지 않다	6.1	6.9	4.9
별로 그렇지 않다	51.1	36.3	31.1
대체로 그렇다	38.4	48.6	52.4
매우 그렇다	4.4	8.2	11.6
N	411	245	370

출처: 2012 국민의식조사

그러나 문재인 후보가 민주당의 국민 참여경선 결과 후보로 당선되고 안철수 후보가 출마 선언을 하면서 지지기반에 변화가 왔을 가능성이 있다. 안 후보가 출마 선언을 하면서 정권교체보다는 정치교체를 내걸며 양당 모두를 쇄신 대상으로 규정했기 때문이다. 2012년 11월 자료에 따르면(표 4–3) 안 후보 지지층은 여전히 민주당 지지자와 무당파이며 일부 민주당 지지층이 감소한 것 외에는 큰 변화가 발견되지 않는다. 이 민주당 지지층이 문 후보에

게로 옮겨가면서 문 후보의 지지기반에는 커다란 변화가 발견된다. 문 후보 지지층 중에서 민주당 지지자의 비중이 증가한 것이다. 그러나 안 후보의 가장 중요한 지지층은 무소속 못지않게 민주당 지지자의 비율이 여전히 크고 미약하게나마 증가했다는 점에서 4·11 총선 직후와 비교해 큰 차이가 없었다.

〈표 4-3〉 박근혜, 문재인, 안철수 후보의 지지층 구성의 변화

(2012/11/18-9)

정당 지지	대선 지지후보				
	박근혜	문재인	증감	안철수	증감
새누리당	77.1	3.2	-3.7	4.9	-1.0
민주통합당	4.2	69.3	+26.9	41.8	+3.7
통합진보당	.3	2.4	-9.8	2.9	-2.8
기타 정당	1.2	.3	-1.3	2.0	-1.2
지지정당 없음/무응답	17.7	24.7	-15.3	48.4	+1.4
N	417	248		250	

출처: 미디어리서치(2012년 11월)에서 구성

안철수 현상의 원인이 정당 불신에서 비롯되었다는 기존의 주장을 '정당 신뢰'에 관한 설문 자료를 이용해 경험적으로 검증했다. 박근혜 후보 지지자는 민주당을 불신하고 새누리당을 훨씬 더 신뢰했다. 반면, 문재인, 안철수 두 지지자의 민주당 신뢰와 새누리당 불신은 유사하게 나타났다. 안 후보에 대한 지지가 기존 정당에 대한 불신을 반영한다는 세간의 주장은 사실이 아닌 것으로 나타났다(표 4-4). 반면, 안 후보 지지자는 문 후보 지지자와 달리 투표 참여율이 다른 후보 지지자에 비해 상대적으로 낮은 것으로 나타났다(표 4-5). 문, 안 두 후보가 젊은층과 무당파로부터 비슷한 지지를 받았음을 감안하면 안 후보의 지지자는 문 후보에 비해 투표율이 낮은 편이다. 같은 무당파라 하더라도 정치와 무관한 무당파와 진보적 성향을 띠는 반정당적인 무당파가 있음을 앞에서 지적한 바 있다. 〈표 4-5〉의 안철수 지지자의 낮은 투표율은 안철수 지지에는 비정치적인 냉소주의자가 상대적으로 많이 포함되었을 가능성을 시사한다.

〈표 4-4〉 박근혜, 문재인, 안철수 지지자의 정당 신뢰도 평균 비교

정당 신뢰	지지 후보	N	평균	표준편차	F
새누리당을 신뢰한다	박근혜	307	2.89	.72	21.97***
	문재인	196	1.74	.73	
	안철수	285	1.82	.75	
	합계	788	2.22	.91	
민주통합당을 신뢰한다	박근혜	297	1.98	.72	22.60***
	문재인	197	2.35	.70	
	안철수	285	2.31	.69	
	합계	779	2.19	.72	

*** p<.001; ** p<.01; * p<.05
Data: 2012 국민의식조사(한상진 사회연구소)

〈표 4-5〉 박근혜, 문재인, 안철수 지지자[(1)]의 4·11총선 투표율(%)

투표 여부[(2)]	대선 지지후보		
	박근혜	문재인	안철수
투표했다	89.0	94.5	84.2
투표하지 않았다	11.0	5.5	15.8
N	319	200	292

출처: 2012 국민의식조사

안철수 지지자의 낮은 투표율이 정치 냉소주의의 간접적 징후라면 〈표 4-6〉는 각 후보 지지자들의 정치 관심도를 보여준다. 박근혜 후보 지지자에 비해 안 후보 지지자의 정치 관심은 약간 높은 것으로 나타나지만 문 후보 지지자에 비해서는 낮은 것으로 나타난다. 정치 냉소주의의 보다 직접적인 증거는 〈표 4-7〉에 있다. 문재인 지지자들이 정치 변화에 대한 열망과 자신감이 뚜렷한 데 비해 안철수 지지자들은 박근혜 지지자와 유사하거나 중간 정도에 위치한다. 위의 결과를 종합적으로 판단할 때 안철수 현상은 정당 불신보다는 정치 냉소주의의 징후와 더 관계가 깊다고 생각된다.

〈표4-6〉 박근혜, 문재인, 안철수 지지자들의 정치 관심 평균비교

<table>
<tr><th>정치 관심</th><th>지지 후보</th><th>N</th><th>평균</th><th>표준편차</th><th>F</th></tr>
<tr><td rowspan="4">"선생님은 우리나라 정치 문제에 얼마나 관심을 갖고 계십니까?</td><td>박근혜</td><td>411</td><td>2.76</td><td>.72</td><td rowspan="4">6.15**</td></tr>
<tr><td>문재인</td><td>245</td><td>2.96</td><td>.72</td></tr>
<tr><td>안철수</td><td>370</td><td>2.85</td><td>.73</td></tr>
<tr><td>합계</td><td>1026</td><td>2.84</td><td>.73</td></tr>
</table>

*** p〈.001; ** p〈.01; * p〈.05

출처: 2012 국민의식조사

〈표 4-7〉 박근혜, 문재인, 안철수 지지자들의 정치 냉소주의

<table>
<tr><th>정당 불신</th><th>지지 후보</th><th>N</th><th>평균</th><th>표준편차</th><th>F</th></tr>
<tr><td rowspan="4">"사람이 바뀌면 정치가 바뀐다."(1)</td><td>박근혜</td><td>411</td><td>5.65</td><td>2.48</td><td rowspan="4">3.34*</td></tr>
<tr><td>문재인</td><td>245</td><td>6.17</td><td>2.58</td></tr>
<tr><td>안철수</td><td>370</td><td>5.92</td><td>2.58</td></tr>
<tr><td>합계</td><td>1026</td><td>5.87</td><td>2.55</td></tr>
</table>

"여당/야당이 집권하는 것에 따라 국민 생활에 큰 차이가 있다."(2)	박근혜	411	4.84	2.31	7.26**
	문재인	245	5.51	2.52	
	안철수	370	4.84	2.41	
	합계	1026	5.00	2.41	

*** p<.001; ** p<.01; * p<.05

출처: 2012 국민의식조사

(1) 사전 설문 24 (1:바뀌지 않는다; 10: 바뀐다)

(2) 사전 설문 25 (1:차이가 없다; 10: 차이가 있다)

본 연구가 가설로 제시한 것처럼 2012년 대선 기간 동안 양당의 제도화가 이루어지고 있다는 증거도 발견된다. 민주당에 대한 지지도의 견고함이나 신뢰도는 새누리당에 비해 낮은 편이지만 역대 선거와 비교할 때 대한민국 역사상 가장 높았다고 할 수 있다. 〈그림 4-1〉과 〈그림 4-2〉는 각각 2002년과 2012년 대선 과정에서 민주당과 새누리당의 지지도를 보여준다. 2002년에도 새누리당은 민주당에 비해 10% 앞선 지지도를 누리고 있었다. 노무현 후보의 당선은 민주당 지지도가 22%에도 불구하고 이루어진 것이다.

〈그림 4-1〉 2002년도 정당 지지도 변화

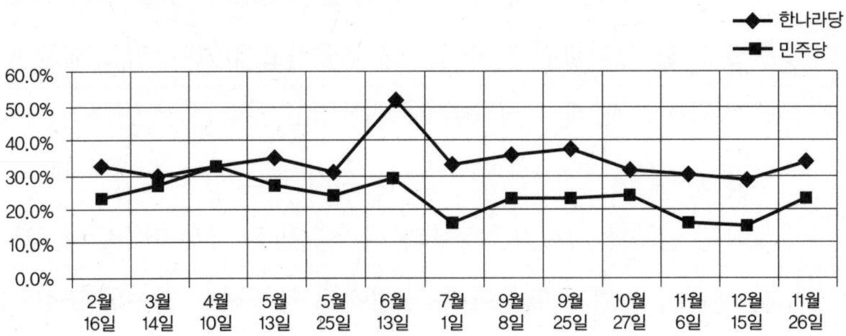

〈그림 4-2〉 2012년도 정당 지지도 변화

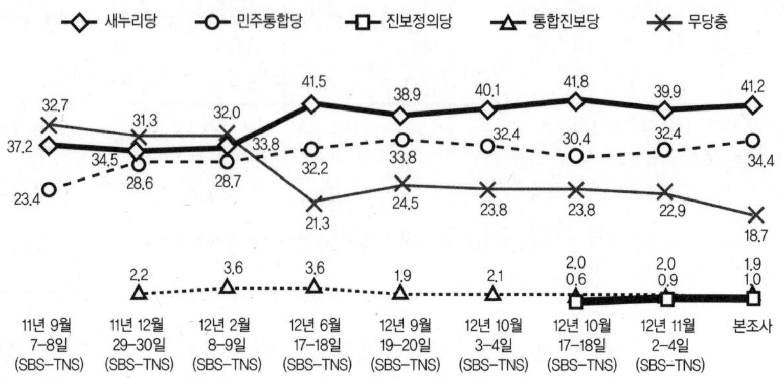

(출처) SBS 여론조사 보고서(2012년 11월 17-18일)
http://img.sbs.co.kr/sw11/news/2012election/images/pdf/2012_vote_07.pdf

2007년 대선에서 대통합민주신당은 대선 전 6.8%, 대선 후 13.7%의 지지도를 기록했다. 반면 한나라당은 선거 전 39.2%, 선거 후 45.3%의 지지도를 보였다. 이명박의 압도적 승리가 한나라당의 제도화된 정당의 힘에 기초한 것으로 해석되는 이유이다(조기숙 2011). 2012년에도 새누리당은 40%를 웃도는 높은 지지도를 이어갔다. 민주당의 지지도는 새누리당보다는 낮지만 2012년도에 들어와 비약적인 발전을 이뤘고 문 후보의 민주당 후보 결정 이후 30%를 상회하며 지속적으로 상승하고 있었다. 이 그림들은 우리 정당이 양당제의 제도화 과정을 겪고 있다는 본 연구의 가설을 뒷받침해준다. 특히 안철수가 제도화가 어느 정도 완성된 새누리당보다는 민주당 지지자들로부터 지지를 받은 것은 민주당의 제도화가 실패하고 있기 때문이다. 그럼에도 불구하고 민주당 또한 새누리당을 따라 양당화의 과정을 겪는 과정이었기에 중도정치를 표방한 안철수가 설 자리가 없었던 것이다.

2) 경험적 결과: 다변인 분석

위에서 살펴본 각각의 변수를 한 모델에 포함하여 사회경제적 변수를 통제한 가운데 다항 로지스틱 회귀분석을 실시하였다. 이는 종속변수가 2개 이상의 명목변수일 때 사용하는 통계 기법이다. 〈표 4-8〉은 박근혜 지지자와 대비한 문재인 지지자와 안철수 지지자의 특징을 비교 분석한 것이다. 〈표 4-9〉는 문재인 지지자와 대비한 안철수 지지자의 특징을 분석한 것이다.

〈표 4-8〉 박근혜 대비 안철수와 문재인 지지 요인 다항 로지스틱 회귀 분석

	안철수		문재인	
독립변수	B(S.E.)	Exp(B)	B(S.E.)	Exp(B)
성별(여성)	−.29(.23)	1.34	−.28(.25)	.76
연령	−.03(.01)***	1.03	−.02(.01)**	.98
학력	.17(.13)	.84	.34(.14)**	1.41
소득	−.18(.08)**	1.19	−.12(.09)	.88
화이트칼라	−.10(.27)	1.11	−.24(.29)	.79
블루칼라	−.28(.35)	1.32	−.20(.37)	.82
수도권	.58(.32)*	.56	.13(.34)	1.14
호남	2.33(.53)****	.10	1.64(.55)***	5.14
영남	.18(.33)**	.84	−.01(.35)	.99

계층(상층)	1.86(.80)	.16	-.11(1.26)	.90
"사람이 바뀌면 정치가 변화한다."	.01(.05)	.99	.01(.05)	1.01
"여당/야당이 집권하는 것에 따라 국민 생활에 큰 차이가 있다."	-.06(.06)	1.06	.04(.06)	1.04
새누리당 신뢰	-1.74(.16)****	5.69	-1.81(.17)****	.16
민주통합당 신뢰	.94(.18)****	.39	.84(.19)****	2.31
기타 정당 지지	.82(.74)	.44	.06(.83)	1.06
무당파	.63(.23)***	.53	.09(.25)	1.09
상수	2.98(.94)		2.06(1.0)	
N	775			
-2로그우도	1249.83			
카이자승 (유의확률)	429.16(.000)			
Pseudo	.43			

**** p<.001; *** p<.01; ** p<.05; * p<.10

출처: 2012 국민의식조사

(1) Pseudo R^2=Cox & Snell

안철수 현상은 문재인 지지 요인과 비교해서 안철수 지지 요인이 얼마나 유사하고 다른지를 살펴보면 잘 알 수 있다. 문재인과 안철수의 지지는 무당파일수록, 저소득층일수록, 상류계층 의식을 갖는 유권자일수록, 정치적으로 냉소적일수록 안철수를 더 지지한다는 것 외의 다른 요인에서는 차이를 발견할 수 없었다. 즉,

젊을수록, 새누리당을 불신하고 민주당을 신뢰할수록, 호남 유권자일수록 박근혜 후보보다는 문과 안 두 후보를 모두 지지했다. 학력이 높은 유권자일수록 문재인을 더 지지하는 것으로 나타난 것은 양변인 분석에서 문재인 후보 지지자들이 다른 후보 지지자에 비해 정치적 관심, 투표율이 높고, 정치적 냉소주의가 적은 것과 관련이 있는 것으로 보인다.

보다 명확하게 안철수 지지자가 문재인 지지자와 얼마나 다른지 살펴보기 위해 문재인을 참조 범주로 하여 안철수 지지 요인을 분석하였다(표 4-8). 두 후보 지지자들이 박근혜 후보 지지자와 뚜렷한 차이를 보였던 것과는 달리 양 후보의 지지 요인에는 유의미한 변수가 많지 않았다. 4가지 변수가 유의미했는데 그 영향이 그리 크지는 않은 것으로 나타났다. 안철수 후보가 문재인 후보에 비해 호남에서 더 지지를 받았고 상류층 계층의식을 지닌 집단의 지지를 받을 확률이 월등히 높았다. 또한 안철수는 문재인에 비해 여와 야를 모두 부정하는 정치 냉소주의자와 무당파의 지지를 받을 확률이 높게 나타났다.

여기에 포함시키지는 않았지만 안철수 지지자는 다변인 분석에서도 19대 총선 투표율이 상대적으로 낮게 나타났는데 이 또한 정치 냉소주의의 징후라고 할 수 있다. 단일화 직전의 조사에서도 안 후보에 대한 지지가 그 이전에 비해 하락하기는 했지만 지지기반에서는 큰 변화는 발견되지 않았다. 안철수 후보의 사회경제적 지지기반은 20대와 노인층, 상층과 하층의 양극단에 기초한다.

〈표 4-9〉 문재인 대비 안철수 지지 요인 다항 로지스틱 회귀분석

	안철수	
독립변수	B(S.E.)	Exp(B)
성별(여성)	-.02(.20)	.98
연령	-.01(.01)	.99
학력	-.17(.12)	.85
소득	-.06(.07)	.95
화이트칼라	.13(.24)	1.14
블루칼라	-.08(.30)	.92
수도권	.45(.30)	1.57
호남	.69(.35)**	1.99
영남	.18(.31)	1.20
계층(상층)	1.96(1.11)*	7.13
정치 냉소주의1	.01(.04)	1.01
정치 냉소주의2	-.10(.05)**	.90
새누리당 신뢰	.07(.14)	1.07
민주통합당 신뢰	.10(.15)	1.10
기타 정당 지지	.76(.63)	2.14
무당파	.54(.21)**	1.72
상수	.92(.84)	
N	775	
-2로그우도	1249.83	
카이자승(유의확률)	429.16(.000)	
Pseudo	.43	

**** p〈.001; *** p〈.01; ** p〈.05; * p〈.10

출처: 2012 국민의식조사

결론적으로 안철수 후보는 문재인 후보에 비해 무당파로부터 약간 더 지지를 받은 것이 사실이다. 그렇다고 정치 불신이 안철수 현상의 주요 동인이라고 속단하기는 어렵다. 정당 불신은 한국 정치에 늘 존재해왔을 뿐만 아니라 안철수도 문재인과 유사하게 새누리당을 불신하고 민주당을 신뢰하며 호남 유권자로부터 압도적인 지지를 받았기 때문이다. 제3후보는 어느 나라에서나 무당파층이 주요 동원 대상이다. 무당파층은 주로 젊은층에서 발견되는데 젊은층은 정치에 대해 무관심하고 비정치적이거나 아직 특정 정당과 관계를 맺을 기회가 없었기 때문이다. 따라서 무당파가 모두 정치 불신자라고 속단하기는 어렵다.

안철수가 상류층 의식을 갖는 유권자의 지지를 받는 것은 안 후보의 지지자가 박근혜 후보의 지지자와 유사하게 물질주의적이라는 주장(최종숙 2013)과도 일맥상통한다. 페로도 부유층의 지지를 받았는데 안 후보와 페로 모두 사업가로서의 성공이 상류층의 지지를 이끌어내는 데 영향을 미친 것으로 보인다.

V장

로스 페로와 안철수의 인기요인:

포퓰리즘과 정치 냉소주의 가설

1. 문제의 제기

미국의 페로와 제3후보를 연구한 다수의 학자는 양대 정당에 대한 불만이 제3후보의 등장 원인이라고 주장했다. 다수의 한국 학자와 평론가는 물론이고 안철수 캠프의 관계자도 정치와 양 정당에 대한 불신이 안철수 지지의 주요 동인이라고 주장했다. 이를 '정치 불신 가설'이라 명명한다. 정치 불신 가설은 실제로 제3후보 지지의 분산을 설명하지는 못한다. 왜냐하면 정치 불신 혹은 정부 불신은 1960년대 이후 전 세계적으로 점차 높아져 왔고(Nye 외 1997), 특히 미국의 경우 1964년 이후 높아지기 시작한 정치 불신은 1972년에 워터게이트 사건을 경험하면서 최고조에 달했다가 1984년 이후 레이건 행정부를 거치면서 낮아졌기 때문이다(Citrin and Green 1986). 한국에서도 늘 정당은 국민으로부터 가장 불신 받는 제도로 지목되었기에 2012년 새삼스럽게 정당 불신이 안철수 현상을 가져왔다는 주장도 설득력이 떨어진다.

소수의 미국 학자들은 페로의 높은 득표를 설명할 수 있는 유일한 변수는 엄청난 미디어 보도라며 페로가 재력을 동원해 미디어를 산 것이 성공적인 득표의 이유라고 주장했다. 이를 '재력과 미디어 가설'(Alvarez and Nagler 1995; Gold 1995; Rosenstone et al. 1996)이라 부르겠다. 하지만 페로는 미디어를 돈으로 산 것 외에도 엄청난 미디어의 긍정적인 보도를 받았다. 미국 학자들은 이 부분에 대해 합리적인 설명을 제시하지 못했다.

이에 '포퓰리즘에 의한 냉소주의 동원'이라는 새로운 가설을 제시하고자 한다. 페로가 어떻게 다양한 지역, 계층, 성별, 연령대의 유권자로부터 그렇게 많은 득표를 할 수 있었는지, 안철수는 어떻게 갑자기 짧은 시간에 높은 지지를 얻을 수 있는지에 대해 동일한 가설로 설명을 시도하고자 한다. 페로는 월러스나 앤더슨보다는 안철수와 더 많은 유사점이 있다고 생각된다. 이 연구는 비교연구를 통해 일반이론의 발전에도 기여할 수 있지만 페로에 대해 1990년대 미국학자들의 연구가 제대로 답하지 못했던 문제에 대해 답을 찾고자 한다. 바로 페로와 페로 지지자의 성격에 대한 것이다.

페로는 비정치적인 분야에서 갑자기 정치적인 분야로 등장했기에 일체의 공직을 역임한 바 없다. 텍사스 주지사의 요청으로 고교 교육개혁 위원회 위원장을 비롯하여 주정부 자문을 했던 경험은 일부 있지만 한 번도 직업적인 정치인이었던 적이 없다. 월러스나 앤더슨이 양 정당에서 오랫동안 주요한 정치인으로 활동하다 예비선거 과정에서 탈당한 것과는 대조적이다. 반면 페로는 사업가로서 많은 부를 쌓음으로써 명성을 얻었고 책 출간을 통해 자신이 구성한 것으로 추정되는 애국 신화를 만들어냈다. 기존의 정치적 부채로부터 자유롭게 기존 양당제에 대한 도전을 성공적으로 할 수 있었다. 안철수도 대통령 후보로 출마할 때까지 정부기관의 자문위원이나 국영기업체의 사외이사를 한 경험은 있지만 일체의 공직을 맡은 적이 없다.

이번 장에서는 앞에서 논의했던 정치 불신과 정치 냉소주의를 개념적, 경험적으로 보다 심도 있게 구분해 제시할 것이다. 또한 IV장에서 보여주었던 안철수 현상의 동인에 대한 다변인 분석에서 정당 신뢰 변수를 사용함으로써 간접적으로 검증했다면 V장에서는 정당 불신 변수를 재구성하여 정당 불신이 정치 냉소주의와는 경험적으로 구분되는 개념일 뿐만 아니라 안철수 지지에 직접적으로 관련이 없다는 점을 보여주고자 한다. 같은 모형을 사용하여 페로에 대한 다변인 분석을 통해 두 사람 모두 정치 불신자가 아니라 정치 냉소주의자에 의해 추동되었음을 보여주고자 한다.

2. 제3후보 투표에 대한 연구 가설

1) 다수의 시각: 정치 불신 가설

미국의 제3후보를 연구했던 다수의 학자는 정치 불신이 위의 세 선거를 관통하는 가장 중요한 원인이라고 주장한다. 예를 들어, 피터슨과 롸이톤(1998)은 그 이유로 두 개의 연구를 인용한다. 하나는 앞 장에서 소개했던 밀러와 리스탁의 연구이다(Miller and Listhaug 1990). 다른 하나는 신뢰 지수가 제한적이기는 하지만 제3당 후보 투표에 의미 있는 영향을 미친다는 것을 직접적으로 보여주었다(Rosenstone, Behr and Lazarus 1996).

다수의 미국 정치 연구자는 정부에 대한 불신, 더 구체적으로는 양 정당에 대한 불신이 제3후보의 등장에 영향을 미치는 가장 중요한 변수라는 데에 동의한다. 이들은 밀러(1974)가 개발하고 발전시킨 정부 신뢰 지수를 사용했는데 정부 신뢰 지수가 과연 일반적인 정부에 대한 불신을 의미하는지 현직 대통령에 대한 불신을 의미하는지에 대해서 열띤 논쟁이 있었다(Citrin 1974; Citrin and Green 1986). 피터슨과 롸이톤(1998)은 이 정부 신뢰 변수가 단지 현직 대통령에 대한 평가뿐만 아니라 제3당 후보에 대한 예측치로도 사용될 수 있음을 보여줌으로써 양측의 갈등을 조정하고자 시도했다. 하지만 이 시기는 미국 정부에서 비교적 정치 신뢰가 높았던 시기라 페로의 높은 득표 설명에 정치 불신 가설은 큰 설득력을 발휘하지 못했다.

안철수에 대해서는 아직 체계적인 경험적 연구가 많이 이루어지지 못했다. 그러나 안철수 캠프는 물론이고 대다수 학자들도 안철수의 등장은 기존 정당에 대한 불신에서 비롯되었다는 데에는 대체로 동의한다(선대식 2012; 정해구 2011; 조희연·이창언 2013; 김정훈 2012). 안철수에 대한 열망, 혹은 제3후보에 대한 지지가 기존 정치나 정당에 대한 불신에서 비롯되는 것은 어느 면에서 당연해 보이기도 한다. 하지만 정당은 한국의 제도에 대한 신뢰 연구에서 늘 최하위를 차지했었기 때문에 정당 불신이 2012년에만 특별하게 폭발적인 안철수 현상을 설명한다고 말하기는 어렵다.

2) 소수의 시각: 페로의 재력과 미디어 가설

코치(1998; 2003)는 페로 현상에 대한 다수의 시각이 틀렸다는 결정적인 증거를 제시했다. 그는 페로 지지자의 태도를 페로가 캠페인을 시작하기 전과 후로 나누어 비교했는데 선거운동 전에는 페로 지지자들의 정치 불신 정도가 다른 지지자들과 큰 차이가 없었다고 한다. 그러나 선거 후의 페로 지지자들은 특별히 페로 캠페인에 관심을 많이 가진 유권자일수록 정치에 대한 불신이 높아진 것으로 나타났다. 유권자들이 정당이나 후보자의 이슈에 대한 입장에 의해 영향을 받는다는 연구는 이미 많이 출간된 바 있다. 코치(1998)는 양대 정당의 후보가 지지자들에게 영향을 미치는 것과 마찬가지로 제3후보도 지지자에게 영향을 미친다고 주장한다. 즉, 워싱턴을 무능하고 무책임하며 부패했다고 공격한 페로의 캠페인이 지지자들에게 영향을 미쳐 선거가 끝나자 지지자들이 정치 불신자로 변했다는 것이다.

골드(1995) 또한 기존의 제3후보를 설명하는 가설들이 페로의 경우에는 맞지 않는다고 주장했는데, 1992년 선거에서 양대 정당에 대한 불신이 과거에 비해 특별히 높지 않았으며 페로 지지자들의 페로에 대한 호감이 다른 후보를 지지하는 유권자에 비해 특별히 높지도 않았다고 한다. 1980년 선거처럼 이슈에 대한 관심이나 특정 이슈의 소외도 높지도 않았고 경제에 대한 불만이 페로에 대한 지지로 이어지지도 않았다는 것이다. 1992년 선거는 양대 정당 지지자들이 마음 편하게 제3후보에게 표를 낭비했다고 보기 어려울 만큼 선거 경쟁이 치열했다고 한다. 그는 페로의 인기가 미디어 노출과 함께 움직였다는 증거(Shaw 1994)를 인용해 페로 인기가 언론과 직접적으로 관련되어 있음을 보여주었다. 페로는 연방정부의 선거운동 비용을 거부하고 60만 달러가 넘는 선거비용을 자신의 재산에서 지불했다(Gillespie 1993: 137; Gold 1995에서 재인용). Gold(1995)는 미국에서 제3후보가 등장했던 세 번의 선거 모두에서 나타나는 공통점은 강한 정당 일체감이 있는 유권자보다는 독립적이고 약한 정당 일체감을 갖고 있거나 무당파 유권자의 지지를 제3후보가 더 많이 받았다고 결론 내린다. 약한 정당 일체감이 제3당 후보에 대한 투표의 매우 중요한 요인임은 많은 연구자들에 의해 지적된 바 있다(Peterson and Wrighton 1998; Wattenberg 1990).

페로에 대한 기존 연구를 요약해보면 다수학자의 시각은 정부에 대한 불신과 견고한 양당자에 대한 불만이 페로 지지의 가장 중요한 원인이라고 지적한다. 반면, 소수학자의 시각은 페로와 다른 제3후보에 대한 지지 원인이 다르다고 본다. 첫째, 페로가 그의 지지자들이 정치에 대한 불신을 갖도록 선거운동을 통해 영향력을 발휘했다는 것이다. 둘째, 무당파와 정당 일체감이 약한 유권자들이 제3후보의 주요 지지자들이라는 점이다. 셋째, 페로의 막대한 재산과 언론 노출이 다른 후보와 달리 페로가 높은 득표를 하게 된 주요 이유라고 한다(Alvarez and Nagler 1995; Gold 1995; Rosenstone et al. 1996). 하지만 기존의 연구는 왜 페로가 돈으로 산 프로그램 외에도 언론이 페로에 대해 엄청난 호의적인 기사를 쏟아냈는지는 설명하지 못한다. 본 연구는 이 부분에 대해 납득할만한 설명을 제시하고자 한다.

3) 대안의 시각

a) 포퓰리즘과 정치 냉소주의 가설

이 연구는 위에서 제시한 소수의 시각에 기본적으로 동의한다. 하지만 재력으로 산 언론 시간 외에도 페로는 자발적인 언론의 호의적인 보도를 많이 받았다. 그 이유에 대해서는 위의 가설 어느 것도 설명하지 못한다. 따라서 본고가 제시하는 새로운 시각이란 페로와 안철수가 포퓰리스트로서 정치 냉소주의자를 동원함으로써 언론의 많은 관심을 얻었고 결과적으로 높은 인기 (혹은 득표)를 누릴 수 있었다는 가설이다. 비정치적인(apolitical) 유권자 혹은 정치에 대한 이해가 부족한 유권자는 정치 냉소주의자로 변하거나 심지어는 반정치주의자(anti-political)가 될 가능성이 있다. 이들은 비정치 영역에서의 업적이나 신화를 기초로 갑자기 정치권으로 진출하는 포퓰리스트 후보에게 비옥한 토양을 제공한다.

정치 냉소주의자는 두 가지 이유에서 비정치적 영역에서 등장하는 포퓰리스트의 공략 대상이 될 가능성이 크다. 첫째는 정치적 경력이 전혀 없는 후보자는 정치적 부채로부터 자유롭기 때문에 기존의 양대 정당 후보에게 기존 정치의 부패, 무능, 무책임에 대해 성공적으로 공격할 수 있다. 둘째, 새로운 정치적 대안에 대해서는 닫혀있는 냉소주의자도 비정치적인 성취나 신화를 가진 비정치인에 대해서는 열려있을 가능성이 높다. 특히 포퓰리스트가 자신의 비정치적 영역에서의 성취를 신화로 포장해서 제시한다면 정치 냉소주의자와 비정치적인 유권자들 사이에서 열광적인 지지를 이끌어낼 수 있을 것으로 보인다.

페로와 안철수는 공직 경험이 없으며 사업가로서의 (애국적) 성공신화를 바탕으로 갑작스럽게 정치에 입문하는 포퓰리스트였기에 기존의 정치적 책임으로부터 자유롭게 양대 정당에 효과적으로 도전할 수 있었다. 평소 정치에 전혀 관심이 없던 유권자들이 이들의 정치 입문으로 인해 정치에 관심을 갖게 되자 언론으로서는 새로운 독자의 유입을 목격하게 된다. 새로운 언론시장이 개

척되면서 언론은 이들 지지자들을 겨냥해 두 후보에 대한 뉴스를 쏟아낼 수밖에 없었을 것이다. 이것이 바로 두 후보가 돈으로 산 것 외에도 언론의 호의적 보도를 누리게 된 주요 원인이라고 생각한다.

그동안 포퓰리즘은 주로 남미나 유럽정치를 연구하는 비교정치학자들에 의해 연구되었기에 미국 정치학자들 누구도 페로가 포퓰리스트로서 정치 냉소주의자의 동원에 성공한 것이 전례 높은 득표의 원인이라는 점에 주목하지 않았다. 이 가설을 검증하기 위해서는 세 가지 과제가 선행되어야 한다. 첫째, 그동안 동일한 개념으로 사용해온 정치 불신과 정치 냉소주의를 개념적, 경험적으로 구분해야 한다. 둘째, 페로와 안철수가 포퓰리스트로서의 특징을 지니고 있는지 증명할 필요가 있다. 이것은 II장에서 이미 보여주었기에 여기에서는 생략한다. 셋째, 정치 불신이 아니라 정치 냉소주의가 페로와 안철수 지지에 영향을 미쳤다는 경험적 증거를 제시해야 한다.

b) 정치 불신과 정치 냉소주의

기존 연구는 신뢰를 불신과는 상반되는 일차원적인 태도로 정의했다. 신뢰가 가브리엘 알몬드(Gabriel Almond)와 시드니 버바(Sydney Verba)가 오래 전에 발견한 것처럼 정치체계에 뿌리를 내린 정치문화로 정의한다면 한 차원인 것이 맞을지도 모른다(Hooghe 2011). 하지만 신뢰와 불신의 측정은 설문이 어떤 대상(즉, 정치인, 제도, 혹은 공동체)을 향한 평가인지에 따라 다차원일 수 있다고 생각한다. 문화적으로 신뢰가 높은 사람은 외부의 자극에 대해서도 덜 반응적일 수 있다. 반면, 정치적 대상에 대해 의심이나 경계심이 있는 사람은 대상과 정치적 자극에 따라 다르게 반응할 가능성이 높다(Krouwel and Abts 2007). 이 때문에 신뢰와 불신이 다른 차원의 태도라는 주장이 존재한다(Lewicki et al. 1998; 박통희 1999). 이 연구는 신뢰와 불신에 대해서는 깊게 다루지 않을 예정이다. 다만 문화로서의 신뢰가 아니라 신뢰와 불신이 평가적 태도일 경우 사건과 상황에 대한 판단에 따라 다르게 나타난다는 증거가 다수 존재한다는 점을 지적하고자 한다.

시트린(Citrin 1974)은 앞에서 말했듯이 밀러의 정부 신뢰 측정자가 정부에 대한 일반적인 신뢰를 측정하기보다는 현직 대통령에 대한 신뢰와 함께 움직인다고 주장했다. 더 나아가 정부 신뢰는 레이건 대통령의 정책이나 역량보다는 대통령의 개인 이미지와 더 직접적으로 관련이 있다는 연구결과를 발표했다(Citrin and Green 1986). 덱커(Dekker 2007) 또한 네덜란드에서 정부 불신이 정치제도와 시기에 따라 가변적임을 보여주었다. 한국의 정당에 대한 평가도 때에 따라 다르게 나타난다는 경험적 증거가 있다(조기숙 2015a). 따라서 정당을 불신하는 사람들은 외부의 정치적 자극에 대해 민감하기 때문에 특별히 정치 불신이 높지 않았던 시기에 페로의 높은 지지를 정치 불신자들이 추동했다고 보기는 어려워 보인다.

반면, 정치 냉소주의는 정치 불신과는 다른 개념이다. 웹스터 사전(Webster's Revised Unabridged Dictionary)에 따르면 '냉소자

(cynic)'는 두 가지로 정의된다. "(1) 대중의 판단에 있어서 다른 사람의 생각에 대해 상징화된 무시" 혹은 "(2) 인간의 행위는 의식적이든 무의식적이든 전적으로 자기 이익을 위해 움직이면서 반대로 겉모습은 깊이가 없고 신뢰할 수 없다고 믿는 사람"이 그것이다. 두 번째 정의 때문에 냉소주의(cynicism)는 불신과 동의어로 사용되어 왔다. 냉소주의를 측정하는 척도 역시 정치인의 동기를 의심하는 질문으로 만들어졌다(Cappella & Jamieson 1997). 양자 사이에 큰 차이가 없기 때문에 두 개의 개념을 상호교환적으로 사용해왔던 것이다.

그러나 현대적 의미의 냉소자, 냉소적인, 냉소주의는 "세계를 향한 적대감만큼이나 세상에의 참여 거부, 비정직성에 뿌리박힌 정치를 버리고 고독, 내면으로의 침잠"을 의미한다(Eisinger 2000, 5). 이는 냉소주의가 온건한 불신 이상임을 의미한다. 냉소주의는 "인간성에 대한 강한 적대적인 불신과 경멸"을 포함한다(Eisinger 2000, 55). 정치 불신자들이 정치를 엄밀하게 검토한다면 냉소주의자는 의식적으로 정치와 거리를 두려고 한다.

선행연구(Krouwel and Abts 2007; Dekker 2007)에 기초해 본고는 정치 불신과 정치 냉소주의를 (a) 대상 (b) 반응성의 정도 (c) 선거의 결과라는 세 가지 차원에서 구분한다. 정치 불신은 정치인, 정당, 중앙 정부 등 대상에 따라 다르게 나타날 수 있다. 반면 정치 냉소주의는 정치에 대한 전반적인 불만으로 나타난다. 유권자의 반응 정도는 두 가지 요인—정치적 감시의 정도와 새로운 정치적 정보와 대안에 대한 개방성의 정도—에 의해 결정된다. 따라서 정치 불신자는 관련 있는 정치적 정보를 면밀히 검토하고 판단을 내리는 반면, 정치 냉소주의자는 정치적 정보에 거의 관심을 두지 않는다. 정치 불신자는 새로운 정치적 대안에 반응적인데 비해, 정치 냉소주의자는 정치와 거리를 두기 때문에 비정치적인 대안에는 열려있을지언정 정치적 대안에는 닫혀 있어 기존의 정치적 태도를 고수하는 경향이 있다. 정치 불신은 맥락에 따라 정치적 참여를 촉진하기도 하고 억제하기도 하지만 정치 냉소주의는 정치적 참여를 저하시키는 경향이 있다고 사료된다.

기존 연구는 정치 불신이 정치 참여에 미치는 영향과 관련해 논쟁적인 결과를 보여주고 있다. 정치 불신과 관련된 표준 가설은 정치 불신(냉소주의, 정치 소외)은 전통적인 참여 유형을 억제하고 비전통적인 행동을 유발하는 경향이 있다는 것이다(Citrin 1974 참조). 일부는 정치 불신이 투표 참여를 저하시킨다는 증거를 제시하는 반면(Dalton and Weldon 2005) 다른 이들은 반대로 투표 참여를 더 증진시켰다는 증거를 제시하기도 한다(Bromley et al. 2004; Kim and Cho 2004; de Vreese 2005; 강원택 2010). 비전통적인 형태의 참여와 관련된 연구결과도 논쟁적이다(Citrin 1974 참조). 본고는 정치 불신과 냉소주의를 구분하면 정치 불신의 정치적 결과와 관련한 논쟁도 해결할 수 있다고 생각한다. 왜냐하면 정치 불신은 전통적인 참여뿐만 아니라 비전통적인 참여도 촉진시키는 경향이 있는 반면, 정치 냉소주의는 두 가지 유형의 참여를 모두 저하시키는 경향이 있다고 생각되기 때문이다(Erber and Lau 1990 참고). 즉, 정치 불신이 어떤 정치적 결과를 가져오는지와 관련해 논쟁적 결과가 도출된 이유는 정치 불신을 정치 냉소주의와 구분하지 않고 사용한 척도의 문제에서 비롯되었을 가능성이 많다.

"불신이 지식, 관찰, 논증에 기초하지 않으면 냉소주의가 된다"는 주장처럼(Krouwel and Abts 2007, 42) 정치 냉소주의는 "정치인, 정치제도, 그리고/혹은 전반적인 정치체제의 태생적인 사악함을 깊게 믿는 신념으로 이루어진 개인의 태도"라고 정의된다(Schyns et al. 2004, 3; Dekker 2007에서 재인용). 따라서 정치적 냉소주의자는 누가 당선되든 정치는 변하지 않을 것이라고 생각한다. 정치 냉소주의자는 정치적 관심, 지식, 이해가 부족하기 때문에 외부의 자극에 닫혀있다. 정치인들이 이들을 설득하는 게 불가능한 이유이다. 몇몇 학자들은 언론이 정치 불신과 냉소주의를 부추긴다고 주장해왔다(Nye 외 1997; Patterson 1993). 그러나 냉소주의자들은 신문을 읽지도 않기 때문에 언론을 통해 정치적 정보를 얻지도 않는다고 한다(Bromley et al. 2004). 정치 냉소주의가 위험한 이유는 정치 그 자체가 나쁘기 때문이라기보다는 냉소주의자는 정치적 이해 부족으로 인해 반정치적인 태도를 완고하게 고수하기 때문이라고 할 수 있다. 이 때문에 냉소주의자는 정치 불신자와 달리 비정치 영역에서의 성공을 바탕으로 갑작스럽게 등장하는 포퓰리스트의 동원에 취약하다.

문화적인 정치 신뢰의 수준이 너무 낮다면 정치체제의 정통성이 위험에 처할 수도 있다. 하지만 어느 정도 수준의 정치 불신은 자연스럽고 심지어 필요하기까지 하다(Hooghe 2011). 정치에서 무조건적인 신뢰는 오히려 위험한 반면 어느 정도의 정치 불신은 시민들이 정치인을 감시하고 견제하도록 만들기 때문이다. 따라서 적절한 수준의 정치 불신은 민주주의의 질을 높이는데 기여하게 될 것이다. 이 때문에 정치 불신에 의해 추동된 제3후보는 기존의 양대 정당이 새롭게 제기된 문제에 대한 해답을 찾도록 자극함으로써 긍정적인 영향을 미칠 수 있다.

그러나 포퓰리스트가 정치 냉소주의자를 동원해 인기를 얻는다면 앞에서도 설명했듯이 포퓰리즘의 악순환에 의해 민주적 거버넌스를 위협하게 될 것이다(Krouwel and Abts 2007). 포퓰리즘의 악순환이란 포퓰리즘 담론이 인기를 얻게 되면 기존 정당도 그것을 사용할 유혹을 느끼고 포퓰리즘의 시각이 정당화된다는 것이다. 더 나아가 포퓰리즘 운동이 실패하면(선진국에서 궁극적으로는 대부분 실패했기에) 실망을 낳게 되고 더 큰 냉소주의와 소외감을 초래하게 된다. 따라서 포퓰리스트에 의한 냉소주의자의 동원은 포퓰리즘 운동을 넘어서서 대의민주주의를 왜곡한다고 경고한다(Krouwel and Abts 2007).

3. 경험적 분석: 자료와 검증 모형

1) 자료

본 연구는 페로와 안철수 지지자의 특성을 알아내기 위해 기존에 존재하는 설문 자료를 이용해 2차 분석을 실시했다. 페로의 분석을 위한 자료는 라파포트(Ronald B. Rapoport)와 스톤(Walter J. Stone)이 수집한 자료(1992 참조)를 활용했다. 이들은 페로의 댈러스 선거운동본부로부터 페로를 지지한다면 800번 무료전화(자원봉사자 핫라인)를 해달라는 페로의 호소에 응답했던 지지자들의 명단을 건네받아 1992년 봄과 여름에 페로 운동에 참여했던 사람들 중 샘플을 무작위추출하여 사전 사후 설문조사를 실시했다. 본 연구는 사전 설문조사만 활용했다.

안철수 지지자 분석을 위해서는 2012년 총선을 전후해 민주당(제1야당)이 서울대학교의 한상진 사회과학연구소에 의뢰해 실시한 국민의식 설문조사 자료를 활용했다. 한상진 교수는 안철수의 멘토로 안철수의 최측근 인사 중 한 명이다. 조사는 인터넷과 전화를 이용해서 2월과 4월 한국의 총선 직전과 직후 두 차례 이루어졌다. 샘플 사이즈는 1026명이며 지역별, 권역별로 군집 무작위 샘플링 기법으로 추출하였다. 본 연구는 안철수 현상이 피크였던 시기를 연구하기 위해 이 중에서 사후 조사만을 활용했다. 사후 조사의 샘플은 811명이다.

페로 캠프로부터 명단을 받거나 안철수와 가까운 사람이 설문조사를 실시한 것이므로 자료의 편향성에 대한 문제가 제기될 수 있을 것이다. 하지만 본 연구는 두 후보의 치명적 약점이라고 할 수 있는 포퓰리즘적 특성을 검토하는 것이므로 오히려 두 후보에게 유리한 자료를 사용하는 것이 결과의 신뢰도를 높일 수 있다고 생각한다.

2) 모형

a) 독립변수

페로와 안철수에 미친 지지자의 특성을 분석하기 위해 다음의 모형을 사용하여 다항 로지스틱 회귀분석(Multinomial logistic regression MLR)을 실시했다. 미국의 선거에서는 후보자가 세 명이었고, 한국의 선거에서는 예비후보자가 세 명이었기 때문에 독립변수가 카테고리 변수라고 할 수 있다. 따라서 세 후보 중 두 명을 돌아가면서 비교할 수 있는 MLR 기법을 도입하였다.

$$\log \{Pr(Y=j)/Pr(Y=j') = \alpha + \beta_1 X_1 + \beta_2 X_2 + \cdots + \beta_k X_k$$

여기에서 j = 종속변수

j′ = 종속변수와 비교할 수 있는 범주

b) 종속변수

페로 자료에서는 “1992년 대통령 선거에서 어떻게 투표하셨습니까?”라는 질문에 대해 3개 범주(부시, 클린턴, 페로)의 응답을 독립변수로 사용했다. 한국 자료에서는 “올해의 대통령 선거에서 만일 다음의 후보들이 경쟁한다면 선생님께서는 어느 후보를 지지하시겠습니까?”라는 질문에 대해 후보(1: 박근혜; 2: 문재인; 3: 안철수)에 대한 지지를 독립변수로 사용했다. 세 사람에 대한 지지를 정확히 구분하기 위해 다른 후보를 지지하거나 투표하지 않았다는 선택은 미싱(system missing) 처리했다.

본 연구의 핵심 변수는 정치 불신과 정치 냉소주의라고 할 수 있다. 전 세계 정치학계에서 지금까지 두 변수의 경험적 차이에 대한 연구는 한 편도 없다. 단지 두 변수를 구분한 개념적 논문이 세 편 존재할 뿐이다. 경험적 연구에서는 정치 불신을 측정한 변수로 정치 냉소주의를 측정하는데 활용했다. 따라서 본고에서 주장하는 정치 냉소주의를 측정하는 설문은 현재까지 존재하지 않는다. 다행스럽게 유사 지표(proxy)로 사용할만한 서로 다른 설문이 페로와 안철수 자료에 각각 2개씩 존재한다. 페로의 자료에서 본 연구가 사용한 설문 두 개는 "모든 정당들이 없어진다면 우리의 정부 시스템은 훨씬 더 효율적이 될 것이다", "정당들은 문제에 대해 분명한 선택을 제공하기보다는 그것에 대한 혼란을 가중시킨다"는 것이다. 두 설문은 엄밀히 말해서 정치 냉소주의보다는 포퓰리즘적 태도를 측정하는데 더 적합하다는 주장이 제기될 수도 있을 것 같다(Akkerman, Mudde, and Zaslove 2014 참조). 하지만 앞 절에서 논의했듯이 냉소주의자는 정치 전반에 대한 불신과 적대감을 드러내기 때문에 대의제의 핵심이라고 할 수 있는 정당에 대한 적대감을 냉소주의의 유사 지표로 사용해도 무방하리라 생각된다. 정부 불신에 대한 두 설문은 밀러의 정치 신뢰 측정자 개발 이후로 가장 많이 사용된 두 개의 설문("전반적으로, 정부는 소수의 이익집단을 위해 운영된다고 할 수 있는가, 아니면 모든 국민의 이익을 위해 운영된다고 할 수 있는가?", "워싱턴 정부가 얼마나 자주 옳은 일을 한다고 믿을 수 있다고 생각하십니까?")을 사용했다.

한국 자료도 냉소주의의 유사 지표로 사용할만한 두 개의 설문을 포함하고 있다. "사람이 바뀌면 정치가 바뀐다"와 "여당/야당이 집권하는 것에 따라 국민 생활에 큰 차이가 있다"에 대해 '매우 동의한다'에서부터 '전혀 동의하지 않는다'까지 4개의 응답 범주가 제시되어 있다. 위의 설문이 정치 냉소주의보다는 정당 불신을 측정하는 것이 아닌가 하는 의문이 제기될 수도 있기에 뒤에서 정당 불신과 요인분석을 실시하여 적어도 정치 냉소주의 유사 지표로 사용한 설문이 정당 불신과는 다른 요인임을 밝힐 것이다.[14] 또한 이 자료는 정치 불신에 대한 별도의 설문이 존재하지 않기에 두 개의 설문을 활용해 정당 불신 변수를 만들어냈다. 즉, '새누리당을 신뢰하는가'라는 설문과 '민주통합당을 신뢰하는가'라는 설문에 두 정당을 모두 신뢰하지 않는다는 응답을 '정당 불신'으로 코딩했다.

14 논문 심사 과정에서 이 설문이 외적 효능감을 측정한다는 주장이 제기되었는데 기존 연구에 따르면 외적 효능감과 정치 냉소주의가 어느 정도 관련이 있다는 주장이 존재하기는 한다. 하지만 이 설문은 외적 효능감을 측정하지는 않는다. 왜냐하면 외적 효능감을 측정하기 위해 "나 같은 사람은 정부가 하는 일에 대해 어떠한 영향도 주기 어렵다" 혹은 "나 같은 사람은 정부에게 이래라저래라 말할 자격이 없다" 등의 설문이 사용되어 왔기 때문이다.

c) 통제변수

대통령 후보자 지지에 영향을 미치는 것으로 알려진 응답자의 사회경제적 변수—연령, 성별, 교육수준, 가구소득—가 모델에 포함되었다. 미국의 경우는 제3후보 투표에 영향을 미친다고 생각되는 두 개의 정당 일체감 변수(공화당원, 무당파)를 양분변인으로 만들어 포함시켰고 민주당원을 기본으로 처리했다. 반면 한국의 경우에는 투표 선택이나 정당 지지에 영향을 미치는 것으로 알려진 직업의 종류(화이트칼라와 블루칼라), 자신의 사회적 계층의식, 지역변수(수도권, 호남, 영남)가 포함되었다. 정당 지지를 묻는 설문을 사용해 3개의 양분변인(여당지지, 야당지지, 무당파)을 만들고 기타 정당에 대한 지지를 기본으로 두었다.

4. 경험적 분석 결과

1) 정치 불신과 냉소주의 요인분석 결과

본격적인 모델 검증에 앞서서 독립변수의 타당성을 검증하기 위해 우선 각각의 자료를 활용해 2개의 정치 불신 설문과 2개의 정치 냉소주의 유사 설문 간의 관계를 검증하기 위해 주성분 요인분석을 실시했다. 〈표 5-1〉에서 알 수 있듯이 미국 설문 자료를 사용한 냉소주의 설문과 정부 신뢰 설문들은 각각 서로 다른 요인으로 나타났을 뿐만 아니라 각 요인 내의 설문들은 하나의 요인으로 강한 상관관계(.88, .86)를 보였다. 최종 다변인 분석에 사용하기 위해서는 각 차원의 변수를 합쳐서 통합지표를 만들었다. 그런데 각 설문이 다른 스케일을 사용하였기에 우선 각 스케일을 표준화해서 정부 불신과 냉소주의라는 별도의 통합지표를 만들었다. 정치 불신 통합지표와 정치 냉소주의 통합지표는 온건한 관계(r=.25)를 갖지만 요인분석에서는 서로 다른 요인으로 밝혀졌다. 더 흥미로운 사실은 정치 불신은 교육수준과 상관관계가 없는 것으로 나타났지만, 정치 냉소주의는 교육수준과 역의 상관관계(r=-.17)를 보여 냉소주의가 정치에 대한 이해의 부족으로 나타난다는 본고의 주장을 뒷받침했다.

〈표 5-1〉 정치 불신과 정치 냉소주의 요인분석 결과 (미국 자료)

설 문	요인 1 냉소주의	요인 2 정치 불신
모든 정당들이 없어진다면 우리의 정부 시스템은 훨씬 더 효율적이 될 것이다.	.881	-.073
정당들은 문제에 대해 분명한 선택을 제공하기보다는 그것에 대한 혼란을 가중시킨다.	.860	-.134
전반적으로, 정부는 소수의 이익집단을 위해 운영된다고 할 수 있는가, 아니면 모든 국민의 이익을 위해 운영된다고 할 수 있는가?	.039	.856
워싱턴 정부가 얼마나 자주 옳은 일을 한다고 믿을 수 있다고 생각하는가?	-.261	.703
고유 값	1.56	1.25

분산	39.62	31.27

참조: 주성분 요인분석이 사용됨(베리맥스 회전)

한국 설문 자료를 사용하여 같은 방식으로 요인분석을 실시했다. 다만 정당 불신지표는 앞에서 설명한 것처럼 두 개의 설문에 두 정당을 모두 신뢰하지 않는 사람을 추출하여 '정당 불신'이라는 하나의 지표를 만들었다. 미국의 자료와 마찬가지로 정치 냉소주의 설문은 서로 강한 상관관계(.84, .85)를 보였고 정당 불신과는 다른 요인으로 나타났다 (표 5-2).

〈표 5-2〉 정치 불신과 냉소주의 요인분석 결과(한국 자료)

설 문	요인 1	요인 2
사람이 바뀌면 정치가 변화한다.	.844	.109
여당/야당이 집권하는 것에 따라 국민 생활에 큰 차이가 있다.	.849	-.015
정당 불신	-.080	.995
고유 값	1.439	1.001
분산	47.974	33.381

참조: 주성분 분석이 사용됨(베리맥스 회전).

2) 가설 검증결과: 정치 불신 vs. 정치 냉소주의

본 논문의 핵심 가설을 검증하기 위해 종속변수를 후보에 대한 투표(지지)로 놓고 독립변수와 통제변수를 포함하는 다항 로지스틱 회귀분석을 실시한 결과는 〈표 5-3〉에 제시되어 있다. 본 연구가 핵심으로 검증하고자 하는 정치 신뢰와 유사 정치 냉소주의 변수를 포함했다. 첫 번째와 두 번째 모델은 페로와 부시, 페로와 클린턴에 대한 투표를 각각 비교했다. 페로 투표자들은 클린턴이나 부시 투표자에 비해 정부에 대한 불신과 냉소주의 모두 높은 것으로 나타났다. 정부를 불신하는 사람은 부시보다 페로를 지지할 확률이 1.9배 높았고, 정당에 대해 냉소적인 사람은 부시보다 페로를 지지할 확률이 1.6배 높은 것으로 나타났다. 또한 공화당원들은 부시보다 페로에 투표할 확률이 낮은 것으로 나타나 정당 일체감이 부시 투표에 긍정적인 영향을 미친 것으로 나타났다. 페로가 부시에 비해 무당파 표를 더 많이 받지는 않은 것으로 나타나 부시는 페로에 의해 표의 잠식이 크지 않았던 것으로 보이지만 이 샘플이 일반 유권자가 아니라는 사실을 기억해야 할 것이다.

모델 2는 페로와 클린턴 투표자를 비교하고 있다. 결과에 따르면 정당 불신자는 1.4배, 냉소주의자는 1.5배 클린턴보다는 페로에게 투표할 확률이 높았다. 또한 페로는 클린턴에 비해 젊은 지지자들의 표를 더 많이 받은 것으로 나타나 페로의 포퓰리즘이 정치에 대해 아직 이해가 깊지 않은 젊은이들의 표를 민주당으로부터 뺏어간 것으로 보인다. 분석 결과 불신과 냉소주의 모두 페로 투표에 상당한 영향을 미친 것으로 나온다.

이는 코치(1998)가 지적했듯이 선거운동 후에는 페로 지지자들이 페로의 영향을 받아 정치 불신자로 변해있었기 때문인 것으로 사료된다. 따라서 정치 불신이 페로의 영향이라고 한다면, 페로의 포퓰리즘이 정당에 냉소적인 유권자 동원에 성공했기 때문이라는 본 연구의 가설을 지지해준다. 반면 부시나 클린턴의 투표를 비교한 모델(결과는 지면 관계상 생략)에서는 정치 불신이나 정치 냉소주의 모두 통계적으로 무의미한 것으로 나타났다.

실제로 선거 후에 실시된 여론조사에서 응답자는 만일 페로가 없었다면 부시와 클린턴에게 투표했을 거라는 응답자가 각각 38%, 다른 후보에게 찍는다는 유권자는 6%, 투표하지 않았을 거라는 유권자는 14%로 나온다(Holmes 1992). 따라서 페로가 없었어도 선거 결과는 크게 달라지지 않았을지 모른다. 그러나 투표하지 않았을 14%가 투표를 함으로써 1992년의 투표율이 올라갔고 이들이 페로의 높은 득표에 영향을 미친 것으로 보인다.

〈표 5-3〉 페로 투표에 미친 정치 불신과 냉소주의 효과 다항 로지스틱 회귀분석 결과; 1992년 페로 설문조사(부시 vs. 클린턴 결과는 표시되지 않음)

	모델 1(페로 vs. 부시)			모델 2(페로 vs. 클린턴)		
	계수	표준오차	Odds Ratio	계수	표준오차	Odds Ratio
여성	.472	.311	1.604	.336	.227	1.400
연령	.047	.093	1.048	−.161**	.070	.851
교육	−.195	.158	.823	.010	.113	1.010
수입	.024	.066	1.024	−.018	.050	.983
정부에 대한 불신	.403**	.192	1.496	.353**	.176	1.424
냉소주의	.331**	.160	1.393	.424***	.129	1.528
공화당	−1.954***	.577	.142	2.531***	.409	12.571
Independents	−.071	.581	.932	1.830***	.258	6.235
상수	2.547**	1.034		−.193	.669	

-2	816.958	816.958
chi	200.030(p=0.000)	200.030(p=0.000)
N	534	534

2012년 한국 설문 자료로 다항 로지스틱 회귀분석을 실시한 결과도 본고의 가설을 뒷받침해준다. 〈표 5-4〉의 모델 3은 안철수 지지자와 박근혜 지지자를 비교한 것이다. 안철수 지지자는 박근혜 지지자와 여러 면에서 매우 다르게 나타난다. 즉, 남성일수록, 저연령일수록, 교육 수준이 높을수록, 수도권일수록, 호남일수록 스스로 상류계층이라고 생각할수록 박근혜보다는 안철수를 지지할 확률이 높은 것으로 나온다. 그러나 무당파층에서는 오히려 박근혜가 안철수보다 더 지지를 받는 것으로 나온다. 이는 안철수가 박근혜에 비해 무당파의 지지를 더 받는 것으로 나온 IV장의 결과와는 다르게 나타나는데, 그 이유는 IV장의 분석에서는 정당 신뢰를 핵심 독립변수로 사용하였기 때문에 정당 지지를 통제변수로 사용하지 않았기 때문이다. 그러나 이번 장에서는 정당 신뢰보다는 정당 불신이라는 변수를 새로이 만들어 그 효과를 직접 검증했기 때문에 정당 지지 변수를 통제했다. 정당 지지를 통제하게 되면 무당파를 끌어들일 수 있는 확장력이 안철수보다 박근혜가 높다고 해석할 수 있을 것이다.

한국의 자료는 안철수의 캠페인이 시작되기 전에 수집한 것이라 정당 불신이 안철수 지지에 영향을 미쳤다는 증거는 발견되지 않는다. 그러나 안철수 지지자가 박근혜 지지자에 비해 더 냉소적이라는 증거도 없다. 이는 IV장에서의 결과와 같은데 그 이유는 안철수 지지자와 유사하게 새누리당 지지자들도 냉소적이기 때문인 것으로 생각된다. 왜 이런 결과가 나왔을지는 네덜란드에서 유권자의 포퓰리즘과 다원주의, 엘리티즘 태도를 경험적으로 측정한 애커만 외(2014)의 최신 연구결과와 일맥상통한다고 생각한다.

즉, 그들은 유권자의 포퓰리스트 태도가 포퓰리스트 정당 지지에 영향을 미치는지를 검증하기 위해 설문조사를 실시했는데 뜻하지 않게 포퓰리즘 태도와 일부 엘리티즘 태도가 같은 요인으로 발견된 것이다. 이에 그들은 대중을 추종하는 포퓰리즘과 대중을 경멸하는 엘리티즘이 정반대편에 존재하는 것처럼 보이지만 실상은 양자가 이론적으로도 일맥상통하는 부분이 있다고 결론내린다. 포퓰리즘이 권위적인 리더십으로 귀결하는 이유는 포퓰리즘은 국민이 서로 다른 의견 때문에 갈등할 수 있다는 다원주의에 기초한 민주주의를 믿지 않기 때문이라는 것이다. 포퓰리즘과 엘리티즘이 서로 상극의 태도처럼 보이지만 민주주의를 부정한다는 점에서 유사한 태도라고 한다. 새누리당을 지지하는 보수적 유권자는 권위를 존중한다는 점에서 엘리티즘적 태도를 지녔을 수 있고, 포퓰리스트를 지지하는 안철수 지지자들은 포퓰리즘적 태도를 지녔을 수 있으므로 양자에게서 정치 냉소주의 척도가 비슷하게 나올 수도 있으리라 해석된다.

모델 4는 안철수 지지자와 문재인 지지자를 비교했다. 안철수와 박근혜 지지자가 뚜렷한 차이를 보였던 것과 달리 문재인 지지자와는 큰 차이를 발견할 수 없었다. 호남에서 안철수가 문재인에 비해 1.7배, 새누리당 지지자로부터 2.4배 더 지지를 받는 것을 제외하고는 다른 특징을 찾기 어려웠다. 정당 불신은 안철수 지지에 영향을 미치지 않은 반면, 정치 냉소주의는 문재인보다 안철수 지지에 1.1배 영향을 더 미치는 것으로 나타나 본고의 가설을 지지했다.

일부 페로 지지자들이 페로가 없었다면 투표하지 않았을 것이라고 응답했던 것처럼 안철수 지지자는 투표율에 있어서도 다른 후보 지지자에 비해 낮은 것으로 나타났다. 평소 정치 참여율이 낮은 정치 냉소주의가 포퓰리스트에 의해 동원될 가능성이 높다는 것을 페로와 안철수에 대한 자료 분석은 보여주고 있다.

〈표 5-4〉 대통령 후보 지지에 대한 정치적 냉소주의 효과 다항 로지스틱 회귀분석 결과; 2012 한국 대선 여론조사(문재인 vs. 박근혜 결과는 표시되지 않음)

	유형 3 (안철수 vs. 박근혜)			유형 4 (안철수 vs. 문재인)		
	계수	표준오차	Odds Ratio	계수	표준오차	Odds Ratio
여성	-.434**	.204	.648	-.079	.179	.924
연령	-.042***	.008	.959	-.011	.007	.989
교육	.204*	.109	1.226	-.099	.100	.906
수입	-.077	.067	.926	-.041	.060	.960
화이트칼라	.042	.242	1.043	.225	.215	1.252
블루칼라	-.236	.293	.789	.024	.263	1.024
수도권	.508*	.272	1.662	.238	.267	1.269
호남	2.056***	.434	7.817	.531*	.312	1.701
영남	.163	.287	1.177	-.154	.287	.858
High SES	1.297*	.724	3.658	1.526	1.107	4.598
냉소주의 1	-.050	.042	.951	-.024	.039	.976

냉소주의 2	.055	.046	1.056	.113***	.041	1.120
정당 불신	−.053	.529	.949	−.599	.442	.549
여당 지지	−3.135***	.448	.043	.881*	.479	2.413
야당 지지	.732	.448	2.080	.236	.288	1.267
무당파	−.768*	.399	.464	.524*	.286	1.690
상수	2.296***	.760		1.237*	.650	
−2	1628.518			1628.492		
chi	579.974(p=0.000)			579.974(p=0.000)		
N	1026			1026		

참조: 냉소주의 1: "사람이 바뀌면 정치가 변화한다."; 냉소주의 2: "보통 국민의 생활은 여당이나 야당이 선거에서 승리하는 것에 의해 크게 영향을 받는다."; 정당 불신: "새누리당(여당)을 신뢰하지 않음"+"민주통합당(야당)을 신뢰하지 않음"; 여당 지지: "새누리당 지지"; 야당 지지: "민주통합당 지지"; 무당파: "어떤 정당도 지지하지 않음"

$^*p < .10$. $^{**}p < .05$. $^{***}p < .01$.

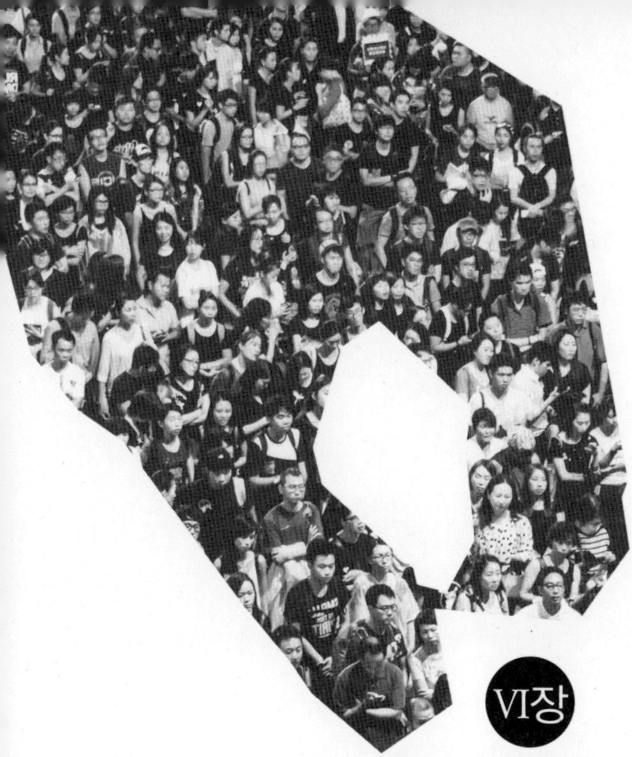

VI장

연구결과 요약과 시사점

1. 이 연구를 통해 어떤 결과를 얻었는가?

안철수의 폭발적인 인기는 세계에서 유례가 없는 기이한 현상이었나? 이 책은 안철수 현상은 다른 나라에서도 발견되는 포퓰리즘 현상이라는 전제하에 포퓰리즘의 보편적 개념과 이론적 틀로서 안철수 현상을 설명하고 예측하고자 시도했다. 물론 일부에서는 필자의 주장에 동의하기 어렵다는 입장도 존재할 것이다. 그런 분들은 안철수가 왜 폭발적인 인기를 얻다 그의 인기가 갑자기 시들해졌는지, 앞으로 제2, 제3의 안철수 현상이 나타날 것인지에 대해 일목요연하게 설명할 수 있는 대안의 이론이나 설명을 제시하면 좋겠다.

포퓰리즘 이론을 사용하여 안철수 현상을 설명할 때 어떤 이점이 있는가? 이론을 사용한 설명은 안철수의 전례 없는 폭발적인 인기의 원인에 대한 설명뿐만 아니라 그의 인기가 어떻게 진화해서 어떻게 소멸해 갈 것인지 미래에 대한 예측도 가능하게 해준다. 안철수의 정치 행태, 수사학, 리더십 등과 관련해 도저히 이해할 수 없고 상충된 현상에 대해서도 일관되게 설명할 수 있다. 또한 기존에 안철수 현상에 대한 연구들이 전혀 일관성이나 체계가 없어 이를 어떻게 이해해야 할지 막막하기만 했는데 포퓰리즘 이론은 그런 결과가 왜 나왔는지에 대해서도 일관된 설명을 제시할 수 있다. 어떤 정치적인 현상에 대해 이론적인 설명을 시도하다 보면 유사한 다른 현상에 대해서도 설명하고 예측할 수 있는 장점이 있다.

이 책의 I장에서는 포퓰리즘의 개념, 접근법, 특징 등을 다뤘다. 그리고 최근 유럽이나 캐나다, 호주에서 발견되는 뉴포퓰리스트에 대해 소개했다. 단순히 대중의 인기에 영합하는 포퓰라리즘과 달리 포퓰리즘은 공통적으로 설명할 수 있는 개념과 이론이 존재한다. 물론 포퓰리즘이 등장하는 국가나 시기, 또 포퓰리스트 리더에 따라 그 양태가 매우 다르게 나타나기 때문에 일반화가 불가능하다는 입장도 존재한다. 하지만 지난 10여 년 간 상당히 많은 사례가 축적되었고 이에 따른 활발한 연구가 이루어진 결과 몇몇 학자들은 일반화가 불가능하지 않을 만큼 진전이 있었다고 주장한다. 포퓰리즘은 국민과 대비되는 한 사회의 기존 엘리트를 무능하고 부패하다고 공격하면서 포퓰리스트 리더만이 동질적인 국민의 의지를 대변할 수 있다고 믿는 신념이라고 정의된다. 포퓰리즘은 좌, 우, 중도, 심지어는 민족주의와 결합할 만큼 유연하고 한 마디로 카멜레온과 같은 사상이기에 특히 공통점을 찾기가 더 쉽지 않다. 하지만 포퓰리스트의 수사학이나 리더십에 있어서 공통점을 발견할 수 있다. 그 외의 공통점은 전혀 발견할 수 없는 게 포퓰리즘의 특징이기도 하다.

포퓰리스트의 수사학적 특징은 세 가지로 정리된다. 1) 동질적인 국민의 의지가 존재하는 것처럼 가정한다는 점이다. 따라서 정치적 갈등 그 자체를 죄악시하는 경향이 있다. 2) 중간 제도에 대한 불신과 기득권 세력에 대한 증오감을 드러낸다. 끝으로 3) 자신은 권력의지가 없지만 국민의 소명을 받아 할 수 없이 정치를 하게 되었다고 주장한다. 그러나 실제로는 강력한 권력의지를 보여 양면적인 모습을 드러낸다. 포퓰리스트는 늘 국민을 강조하지만 국민의 단일한 의지를 자신만이 대표할 수 있다고 믿기 때문에 리더십은 중앙집권적이고 권위주의적인 특징이 있다. 공조직보다는 폐쇄적인 사조직을 통해 의사결정을 내리고 이 때문에 갈등을 조정할 제도적 장치가 없어 분파적이거나 분열적으로 흘러 당이 내분에 휩싸인다.

II장에서는 우리 언론이 안철수 현상을 어떻게 다루었는지, 그 중 어느 쪽의 주장이 맞는지를 검토했다. 당시 안철수에 대한 언론의 보도는 정파적으로 양분되어 있었다. 보수언론은 안철수를 인기영합주의자로 진보언론은 미덕과 지도자의 이미지로 묘사했다. 향후 유사한 사건에서 교훈을 얻기 위해서는 어느 쪽이 얼마나 더 객관에 가까웠는지 복기해볼 필요가 있을 것이다. 이에 안철수가 포퓰리스트였는지, 새로운 문법의 정치를 실천하고자 한 변혁의 리더였는지 포퓰리즘에 관한 이론과 맥그리거 번스의 변혁의 리더십 이론에 기초해 분석틀(경력, 정치 운영방식, 리더십, 지지기반, 수사학)을 제시했다. 한쪽에선 포퓰리스트, 다른 한쪽에선 혁신가로 불렸던 노무현 대통령을 안철수와 비교했다. 안철수 본인이 노 대통령을 자신과 비교하기도 했지만 많은 이들이 포퓰리스트와 변혁의 리더를 헷갈리기 때문이기도 하다. 둘의 지지기반은 풀뿌리 대중으로부터 나오고, 폭발적인 인기와 카리스마가 리더의 수사에서 비롯되며, 기득권과 특권층에 대한 반감을 표시한다는 점에서도 유사하다.

분석 결과 안철수는 정치경력이 전혀 없다는 점, 행위 주체에 국민을 넣기는 하지만 "전문가가 이미 답을 가지고 있다"는 식으로 전문가에 초점이 맞춰져 있다는 점, 폐쇄적이며 측근에 의한 사조직에서 중요한 의사결정을 내림으로써 공조직을 소외시키는 권위주의적인 리더십을 발휘하는 점, 지지기반이 전통적 야권 유권자 또는 정치 관심이나 참여, 정치 변화에 대한 신념이 낮은 정치 냉소주의자의 지지를 받았다는 점, 포퓰리스트의 수사학적 특징 세 가지(동질적인 국민의 의지 가정, 정치제도에 대한 반감, 소명의식)를 전형적으로 보여준다는 점에서 안철수는 포퓰리즘에 더 가깝다고 결론내릴 수 있다. 그러나 안철수는 정치 전반에 대한 불신을 보이고 대기업을 비판할 뿐 기득권층에 대한 적대감을 드러내지는 않았다.

반면 노무현은 정치경력 15년 만에 대통령이 되었고 국민의 대통령이라고 할 만큼 국민을 강조한 건 맞지만 중간제도(정당, 국회, 시민단체) 등의 정책결정 참여를 보장하는 협치를 실천했다. 혁신적 리더십의 핵심은 가치지향에 있는데 그의 신년연설 분석에서 도 알 수 있듯이 가치와 도덕성을 매우 중요하게 생각했으며 민주적 리더십을 구사했다. 노무현 전 대통령의 지지기반은 정치적 관심과 참여가 높은 노사모를 비롯한 탈물질주의자였다. 노무현은 또한 혁신적 리더의 특징이라고 할 수 있는 갈등의 지배자이자 희생자였다. 국민에게 힘을 실어주는 것을 가장 중요하게 생각했으며, 모범을 보임으로써 리더십을 발휘하는 혁신적 리더의 모습과 많이 닮아 있었다.

안철수가 정말 포퓰리스트에 가까운지 다시 확인하기 위해 박근혜, 문재인, 안철수 세 후보의 출마 선언문을 비교 분석했다. 포퓰리스트의 가장 큰 특징은 수사학에 나타난다는 이론적 주장에 기초한 것이다. 우선 국민이라는 단어는 박근혜의 연설에 가장 많은 숫자가 그리고 가장 높은 비율로 나타났다. 그 뒤를 안철수가 이었고 문재인은 국민이라는 단어의 비율이 안철수의 절반에 미치지 못했다. 그러나 국민이란 단어가 사용된 문맥을 비교했을 때 박근혜는 오히려 국가에 대비되는 국민 개인의 의미로 사용해 포퓰리스트와 가장 거리가 먼 것으로 드러난 반면, 안철수는 동질적인 의지를 갖는 국민을 상정해 포퓰리스트의 면모를 보였다. 문재인도 소수 특권층에 대한 반감을 드러내면서도 이와 대비되는 다수의 동질적 국민의 의지를 전제함으로써 우리나라 대통령이 되겠다고 하여 포퓰리즘적 요소와 문화적 집단주의를 동시에 보여주었다.

반면 권력의지에 있어서 박근혜는 뚜렷한 사명의식과 책

임감, 왜 대통령이 되려는지 분명한 목표, 확고한 권력의지를 보여주었다. 문재인은 안철수와 비슷하게 소명의식을 이야기했으나 초반부터 대통령이 되겠다는 확고한 의지를 보여줌으로써 애매모호한 입장을 취했다고 보기는 어렵다. 반면 안철수는 처음부터 자신의 고민에 대해 많은 시간을 할애하며 애매모호한 권력의지를 보여주다, 소명의식을 강조하면서 다시 강한 권력의지를 보여주는 등 포퓰리스트의 애매한 권력의지를 보이는 포퓰리스트의 면모와 가장 가깝다고 할 수 있다. 정치를 오래한 박근혜가 가장 포퓰리즘으로부터 벗어나 있었고 정치 초년생인 안철수와 문재인이 포퓰리즘적 요소를 보여주었으나 상대적으로 안철수에게서 더 많이 발견되었다.

III장은 그동안 한 번도 기존 학자나 연구에 의해 포퓰리스트로 지목된 적이 없는 그러나 매우 유사하게 포퓰리스트적 특징을 지난 정치인으로서 미국의 1992년 대선 제3후보였던 H. 로스 페로를 안철수와 비교했다. 미국과 한국은 정치제도에 있어서 대통령제와 양당제를 중심으로 한다는 점에서 약간의 유사성을 띠고 있지만 정치문화, 역사, 제도 면에서 많이 다르다. 그럼에도 불구하고 두 사람은 수사학과 리더십에서 매우 유사한 행태를 보여 포퓰리스트라고 이해하는데 어려움이 없었다.

페로와 안철수는 모두 중산층 가정에서 태어나 컴퓨터 관련 사업가로서 크게 성공했으며 애국심을 강조하는 성공신화를 만들어냈다. 세계화로 인한 치열한 경쟁, 불황, 금융위기, 청년 실업 등으로부터 도태된 사람들의 불안과 고통이 만연했던 시기에 두 사람의 사업가로서의 성공은 국가 경제도 살려줄 것이라는 환상을 국민들에게 심어주었다. 두 사람은 공직 경험이 없으나 전문 분야에서 자문위원 등을 하면서 공적인 봉사를 했으며 사회적으로 존경받는 인사였다. 이들의 중산층 출신 배경, 재산의 축적에 의한 신분 상승, 갑작스러운 정치 입문 등은 I장에서 설명했듯이 포퓰리스트의 공통적인 배경과 흡사하다. 또한 비정치 영역에서의 성공 신화를 바탕으로 갑자기 정치에 투신해 대통령 후보가 되었다는 점에서도 동일하다.

또한 페로와 안철수는 포퓰리스트의 세 가지 특징, 동질적인 국민의 의지에 대한 인식과 함께 정치적 갈등에 대한 불신을 드러냈다. 중간 제도에 대한 불신과 워싱턴 기득권이나 재벌기업에 대한 적대감을 보인다는 점에서도 유사하다. 페로는 영웅인 자신이 문제를 단숨에 해결할 것처럼 쉽게 말했다면 안철수 또한 사람의 선의, 진심이 제도보다 더 중요한 것처럼 정치의 사인화를 보여준다는 점에서 제도 정치에 대한 불신을 보여준다. 자신은 권력에 대한 의지가 없지만 소명의식으로 대통령에 출마한다는 점도 두 사람이 유사하다. 그러나 페로는 두 번의 도전에 실패했고 안철수는 지난번 도전이 양보로 끝났기 때문에 다음번 도전을 위해 자신이 만든 당에서 탈당해 신당을 추진할 만큼 강한 권력욕을 보여 권력의지에 대한 양면성을 보여주었다.

두 사람의 언어적 표현은 다르다. 페로의 경우 사관학교 출신답게 카리스마 있고 단순 명쾌하며 남성스럽다. 안철수는 애매모호하고 소곤소곤하며 여성적인 면이 있다. 그러나 리더십 스타

일은 독선적이고 폐쇄적이며 공조직을 우회해 사조직에서 결정을 하는 등 포퓰리스트의 리더십과 닮았다. 그 이유는 절차보다는 효율을 중시하는 사업가로서 부하들에게 지시를 하던 CEO였기 때문인 것으로 보인다. 또한 두 사람은 갈등을 제대로 관리하지 못하고 분열한 것으로 드러났다. 페로는 자신의 회사와 GM과 합작회사를 만들었으나 결국 갈라서야 했고 자신이 후보로 출마하고 회사 부하들을 시켜 만들었던 개혁당의 갈등도 해소하지 못했다. 안철수 또한 자신이 만든 정당에서 합리적 절차에 의해 갈등 해소를 하지 못하고 탈당을 택함으로써 분열적 모습을 보여주었다.

IV장에서는 안철수 현상이 거품이었는지 다시 또 나타날 가능성이 있는지 답을 찾기 위해 안철수 현상을 추동했던 동인을 경험적으로 규명하고자 시도했다. 안철수 현상을 설명하는 다양한 요인 중 가장 많이 언급되었던 정치 불신을 하나의 가설로 제시했다. 이와 동일한 개념으로 사용되지만 정치적 함의가 정반대인 정치 냉소주의를 경쟁적 가설로 제시했다. 2012년 총선 직후의 설문조사 자료를 이용해 양변인 분석과 다변인 분석을 실시했다

문재인과 안철수는 박근혜와 뚜렷한 차이를 보였지만 두 사람의 지지자 특성은 매우 흡사했다. 즉, 젊은층일수록 호남 유권자일수록 민주당을 신뢰하고 새누리당을 불신하는 유권자일수록 문재인과 안철수를 지지했다. 문재인과 안철수를 직접적으로 비교한 분석에서도 양자는 큰 차이를 보이지 않았다. 네 개의 변수가 유의미했는데 안철수가 문재인에 비해 호남에서 더 많은 지지를 받았고, 상류 계층과 정치 냉소주의자, 무당파로부터 더 많은 지지

를 받은 것으로 나타났다.

양변인, 다변인 다항 로지스틱 회귀분석 결과를 종합해보면 안철수가 무당파 유권자로부터 더 지지를 받은 것은 사실이지만 이것이 안철수 현상의 주요 동인이라고 단정하기는 어렵다. 무당파 유권자 속에는 정치 불신자뿐만 아니라 정치 냉소주의자나 비정치적인 사람도 있기 때문이다. 오히려 호남과 새누리당을 불신하고 민주당을 신뢰하는 유권자의 높은 지지를 받았다. 안 후보가 그러한 기대를 저버리고 정치교체라는 구호로 양당을 모두 기득권으로 몰자 정치 변화에 대한 신념이 높은 전통적인 야권 지지자들이 문재인 지지로 이탈하면서 안철수 후보가 지지도 하락을 경험한 것으로 보인다.

결론적으로 안철수 현상의 동인은 안철수 지지자가 복합적이었던 만큼(최종숙 2013) 서로 다른 다양하고 양립할 수 없는 충돌된 욕구가 반영된 것이라고 할 수 있다(조기숙 2012). 그러나 안철수를 둘러싼 엘리트층을 보면 새로운 정치세력이 아니라 개혁에 의해 설 자리를 잃은 낡은 정치인들이었다(송수경 2012; 김진우 2012). 안철수의 1차 도전이 실패로 끝난 것은 안철수 본인도 안철수 현상에 대한 이해를 제대로 하지 못했기 때문이라고 생각된다. 많은 이들이 안풍이 태풍이 될 것이라 예측했지만 하락하다 소강상태를 맞게 된 건 안철수 현상 그 자체에 원인이 있다고 생각된다. 즉, 안철수의 핵심 지지층이 민주당을 신뢰하는 유권자인 만큼 민주당과 결합될 때 파괴력을 발휘할 수 있었는데 안철수가 민주당 전당대회에 불참하면서 기회를 잃고 말았다. 그러나 그가 동원한 정치 냉소주의자는 그가 기존 정당과 결합하는 순간 이탈하게 되어 있다. 따라서 정치 냉소주의자를 동원하는 포퓰리즘은 태생부터 성공할 수 없는 구조를 지니고 있다고 할 수 있다.

V장에서는 미국에서 제3후보의 등장, 특히 로스 페로의 높은 득표를 설명하는 기존의 이론과 연구결과를 검토함으로써 비교적 시각에서 안철수 현상과 비교했다. 페로의 높은 득표를 설명하는 미국 학자들의 시각은 다수 시각과 소수 시각으로 나뉜다. 다수 시각은 '정치 불신 가설'로서 기존 정치에 대한 불신, 혹은 정당에 대한 불신이 페로의 높은 득표를 가져왔다는 주장이다. 반면, 소수 시각은 페로가 출마했던 1992년에는 특별히 정치 불신이 높지 않았고 그 이전의 제3후보와는 맥락이 매우 다르기 때문에 다수의 시각은 설득력이 없다고 주장한다. 오히려 페로의 기존 정치에 대한 부정적 선거운동이 그의 지지자들을 정치 불신자로 변화시켰다고 주장한다. 소수 시각을 견지하는 대다수의 학자들은 페로의 재력과 그로 인한 잦은 언론 노출이 높은 득표를 가능하게 했다며 '재력과 미디어 가설'을 제시한다.

필자는 소수의견에 적극 동의하면서도 두 가지 의문을 제기했다. 첫째, 페로는 돈으로 미디어를 산 것 외에도 미디어로부터 호의적인 보도를 받았는데 그 이유는 무엇인가? 둘째, 페로의 지지자들은 그들의 표를 낭비할 것을 알면서도 전략적 투표를 하지 않고 경쟁이 치열했던 선거에서 왜 페로에게 표를 던지는 성실한 투표를 했을까? 필자가 제시한 새로운 시각은 '포퓰리즘과 정치 냉소주의 가설'이다.

그동안 제3후보의 등장을 연구한 학자들은 물론이고 대부분의 정치학자는 정치 불신과 정치 냉소주의를 구분하지 않고 사용했다. 그러나 필자는 양자는 분명히 구분되어야 하며 이론적으로나 경험적으로 구분이 되는 개념임을 밝혔다. 정치 불신자는 정치인을 감시하고 견제하면서 정치인이나 정치체제, 정당 등 대상과 시기에 따라 다른 평가적인 태도를 보인다. 반면, 정치 냉소주의자는 정치 자체를 부정적으로 바라보기 때문에 정치적 대상이나 사람에 대해 정보를 차단하는 경향이 있다. 그러나 냉소주의자는 유명한 비정치인이 성공신화를 바탕으로 정치인으로 변신하면 그들에게 관심을 가질 수 있다. 그 대상이 포퓰리스트라면 특히 열정을 가지고 지지하게 될 것이다.

페로와 안철수는 비정치권에서의 성공신화를 바탕으로 갑자기 정치권에 진입한 포퓰리스트로서 정치 냉소주의자를 동원하는데 성공했다. 평소에 정치에 관심이 없던 정치 냉소주의자들이 새로운 정치인의 등장에 관심을 보이자 언론의 입장에서는 새로운 독자층이 유입됨으로써 언론시장이 열리게 된 것이다. 이 때문에 두 사람은 높은 언론의 관심을 받을 수 있었고 언론이 높은 관심과 호의적인 보도를 쏟아내자 두 사람은 높은 득표와 지지를 얻을 수 있었다고 생각된다. 정치 냉소주의자는 포퓰리스트 후보가 없었다면 어차피 투표에 참여하지 않을 가능성이 높기 때문에 이들이 투표율과 함께 페로의 득표를 올리는 데에도 기여했다고 생각한다.

양국의 설문조사 자료를 활용해 요인분석을 실시한 결과

정치 불신과 유사 정치 냉소주의 지표는 경험적으로 양국 모두에서 구분되었다. 페로 지지자들의 태도가 페로 투표에 미친 영향을 다항 로지스틱 회귀분석을 실시한 결과에서도 페로는 부시나 클린턴과 달리 정치 불신자와 정치 냉소주의자 모두로부터 지지를 받은 것으로 나타난다. 정치 불신이 페로 지지에 영향을 미친 이유는 설문자료가 선거운동이 시작된 후에 수집되었기에 지지자들이 페로의 영향으로 정치 불신자가 되었기 때문인 것으로 보인다. 또한 안철수의 경우도 문재인에 비해 정치 불신자가 아니라 정치 냉소주의자의 지지를 받은 것으로 나타나 본 연구의 가설을 지지했다.

IV장에서 안철수의 연구에 사용했던 핵심적 독립변수는 정치 불신이 아니라 정치 신뢰였다. 간접적으로 안철수가 정치 불신자보다는 정치 냉소주의자를 동원했다고 결론을 내렸지만 보다 직접적인 검증을 하고자 했다. 따라서 V장에서는 두 개의 정당 신뢰에 대한 설문을 사용해 두 정당 모두를 신뢰하지 않은 정당 불신자를 골라내 정당 불신이라는 변수를 만들었다. 이 변수는 요인분석에서 정치 냉소주의를 측정하는 대리변수와 차원이 다른 것으로 나왔을 뿐만 아니라 많은 언론인, 학자의 주장과 다르게 안철수 지지와 무관한 것으로 나왔다. 결론적으로 안철수 현상은 기존의 양당제를 불신하는 사람들이 추동한 것이 아니라 정치 냉소주의자들이 추동한 것으로 결론 내릴 수 있다.

이 연구의 한계는 그동안 정치 불신과 정치 냉소주의를 동일한 개념으로 사용해 왔기 때문에 정치 냉소주의를 측정하는 별도의 설문이 존재하지 않는다는 점이다. 이 때문에 양국에서 서로 다른 유사한 지표를 사용할 수밖에 없었다. 따라서 본 연구가 정치 냉소주의를 측정한 것이 아니라고 주장하는 사람도 있을 수 있다고 본다. 하지만 본 연구의 기여는 적어도 대다수 논평가와 학자가 믿었던 정당 불신이 안철수에 대한 지지에 별 영향을 미치지 못했다는 사실을 발견한 것이다.

따라서 정치 냉소주의를 경험적으로 측정할 수 있는 새로운 설문과 측정자의 개발이 시급하다고 할 수 있다. 유럽 각국에서 포퓰리즘 정당의 등장이 빈번해지고 있고 미국에서는 주요 정당의 후보까지도 포퓰리스트의 면모를 보여주고 있다. 정당이 약화되고 언론이 정당의 기능을 대체하면서 일어난 현상으로 보인다. 따라서 정치 냉소주의와 포퓰리즘을 경험적으로 연구하기 위한 방법론의 발전이 필요하다고 생각한다. 이러한 방법론적 발전은 포퓰리즘의 동원이 선거 과정이나 민주주의에 미치는 영향, 정치적 냉소주의자의 성격, 조건 등에 대한 연구에 큰 기여를 하게 될 것이다.

2. 포퓰리즘의 등장은 어떤 정치적 영향을 남겼는가?

안철수와 페로와 같은 포퓰리스트의 등장은 정치권과 민주주의에 어떤 영향을 남겼을까? 만약 제3후보에 대한 투표가 정당 불신에서 비롯되었다면 제3후보나 제3정당은 기존 정당에 충격을 주고 기존 정당은 정당 불신자를 만족시키기 위해 쇄신의 계기를 갖게 될 것이다. 그러나 포퓰리스트가 정치 냉소주의자를 동원한다면 정치에 관심이 없던 사람도 정치에 관심을 갖게 하는 순기능은 있을지 몰라도 민주적 거버넌스에는 부정적인 충격을 남길 수 있다. 앞에서 포퓰리즘의 악순환을 소개했는데 포퓰리즘은 성공하기 어렵기에 또 한 번의 좌절을 낳고 그럼에도 불구하고 폭발적인 인기를 누리는 동안 기존 정당이 포퓰리즘 프로그램을 받아들이도록 압력을 행사한다. 이는 결과적으로 기존 정당이 더 실패하도록 만들고 더 큰 정치 냉소주의를 불러오게 될 것이다.

포퓰리즘은 제도를 우회하여 지도자와 추종자가 만난다는 점에서 대의제와 제도정치에 해가 된다는 사실을 많은 연구자들은 역설해왔다. 한국 사회에는 대의민주주의의 발전을 가로막는 다양한 요인이 존재한다. 가령, 국민의 참여를 방해하는 폐쇄적이고 위계적인 정당의 조직, 국민의 의견을 수렴하거나 대표하지 않는 지역주의 정당 등이 대표적이다. 한국의 국회의원 선거에서 입법 활동의 우수성이 선거에서의 승리에 긍정적인 영향을 미치지 않는다는 사실(박윤희 2015)도 위의 두 가지 정당의 문제와 관련되어 있다. 하지만 포퓰리스트 또한 이러한 저해요인 못지않게 대의제에 위협적이다. 만일 포퓰리스트가 대통령에 당선된다면 의정활동의 무게가 미미해지는 것을 넘어서 몇몇 남미 국가에서 목도했듯이 대통령에 의한 의회의 무력화마저 시도될 수 있을 것이다.

페로는 미국 정치에 무엇을 남겼는가? 학자들은 페로

의 높은 득표율이 돈으로 언론을 산 덕분이라며 금권정치의 위험을 경고하기도 했고(Alvarez and Nagler 1995; Gold 1995; Rosenstone 외 1996) 포퓰리즘의 위험성에 대해서도 경고했다(Wilentz 1993). 페로 때문에 클린턴은 반쪽짜리 대통령이 되어 끊임없이 정통성 시비에 휘말렸다며 페로를 강하게 비판하기도 했다(Rosenstone 외 1996). 그러나 한 가지 긍정적인 점은 클린턴으로 하여금 취임 직후부터 재정적자의 문제를 해결하는데 집중하도록 만들었다는 것이다. 적어도 페로는 미국 정치의 중요한 문제 하나를 쟁점화하는데 성공했고 민주당과 클린턴 대통령이 이 의제를 해결함으로써 페로 지지자를 민주당에 흡수하기 위해 노력하도록 만들었다.

안철수가 한국 정치에 무엇을 남겼는지를 평가하기는 아직 이를지도 모른다. 하지만 안철수는 아직도 애매모호한 화법으로 자신이 왜 정치를 하는지 국민에게 분명하게 설명하지 못하고 있다. 이점이 보통의 포퓰리스트와 다르다. 한국 정치의 문제가 무엇인지 핵심을 짚어내지도 못하고 있다. 양당의 극한 갈등을 해결하기 위해 중도정당을 창당하겠다는 그의 시도는 테러방지법의 본회의 표결을 앞두고 더민주가 실행한 필리버스터에 양비론적 입장을 취함으로써 호남에서의 지지도가 한 자릿수로 추락하는 여론의 역풍을 맞았다.

어떤 이들은 안철수 현상이 한국 정치에 기여한 공이 있다면 유아인 같은 연예인이나 정치 무관심층이 정치에 관심을 갖게 만들었다는 점이라고 한다. 호남 유권자가 민주당의 일방적 지지자가 아니라 다른 대안이 나오면 선택할 준비가 되어 있음을 보여줌으로써 민주당에 경종을 울리기도 했다. 하지만 언론과 논평가가 안철수 현상에 대한 잘못된 이해로 대중과 함께 열광하면서 한국 정치에 미친 부정적인 영향도 적지 않다고 생각된다.

다른 나라에서도 포퓰리즘이 대의민주주의의 문제에서 비롯된 것은 맞지만 그 문제를 해결하는 데에는 무능했다는 점을 기억해야 한다. 즉, 제도의 개혁은 오랜 시간이 걸리고 체계적인 연구에 기초해 매우 구체적인 대안으로 혁신해 나가야 하기 때문이다(가상준 2010; 강원택 2011; 서복경 2011). 한국 정치의 문제는 늘 정당에 있었고 특히 정당의 이합집산으로 인해 정당의 제도화가 더디다는 점이다. 그 중에서도 야당은 여당에 비해 불안정성이 더 높은데 안철수는 자신의 신당을 만들자마자 야당과 합당과 분당을 거듭함으로써 가뜩이나 기울어진 운동장에서 야당 파괴에 일부 책임이 있다는 비난을 피할 수 없을 것이다. 한국의 고질적인 문제인 지역주의를 해소하기보다는 적극적으로 호남 지역주의를 이용하는 것도 또 다른 갈등을 증폭시킬 뿐이다.

안철수 신당은 모든 포퓰리스트 정당이 그렇듯이 리더 개인기에 의존하는 사당(私黨)이 될 가능성이 매우 높다. 포퓰리스트 정당이 분열과 분파를 제대로 해결하지 못하고 결국 실패하는 이유는 정당의 민주적 절차가 제도화되지 않고 리더 개인이나 사적 조직의 의사결정에 의해 좌우되기 때문이다. 새정치민주연합에서도 안철수가 제도적 절차를 통해 갈등을 해결하려고 노력했다면 분당 사태 같은 건 일어나지 않았을 것이다. 포퓰리즘 이론으로 예측해보면 안철수의 신당 또한 분열과 분파를 제대로 해결하지 못해 어려움을 겪을 것으로 보인다.

최근엔 유럽에서도 뉴포퓰리스트 정당이 빈번히 등장하고 있어 사회문제가 되고 있다. 남미의 포퓰리즘이 계급연합을 통해 경제를 중시하면서 포함의 정치(politics of inclusion)를 구사했다면, 뉴포퓰리즘은 정체성 정치를 중시하면서 배제의 정치(politics of exclusion)를 지향한다는 점에서 차이를 보인다(Mudde and Kaltwasser 2013; Akkerman 외 2014, 1325에서 재인용). 이들 정당은 이민자나 소수자에 대해 극한 혐오, 인종차별 등의 정서를 보이는데 이는 인종갈등, 테러리즘 등의 더 심각한 갈등을 초래할 수 있다. 갈등을 혐오하고 하나 됨을 강조하는 포퓰리즘이 더 큰 갈등을 불러 온다는 사실은 아이러니컬하다.

미국의 트럼프(Donald Trump) 후보는 소수 정당이나 무소속이 아니라 주요 정당에서도 포퓰리스트가 등장할 수 있는 가능성을 보여줌으로써 민주주의의 미래에 어두운 그림자를 드리운다. 이탈리아에서는 포퓰리스트 베를루스코니가 집권을 했고(김종법 2004) 네덜란드, 오스트리아, 프랑스, 핀란드, 이탈리아, 호주, 캐나다에도 포퓰리스트 정당이 존재했거나 현재 존재하고 있다. 유일하게 포퓰리스트 정당이 연방 차원에서 활개를 치지 않는 나라는 독일이다. 독일에서는 전후 히틀러의 실수를 반복하지 않기 위해 많은 노력을 기울여왔기 때문이다. 무엇보다 독일 정당의 시민교육은 바람직한 민주주의 교육으로 손꼽히고 있다.

포퓰리스트의 등장은 미디어의 발달, 정당의 약화, 무당파의 등장과 관련이 있다. 특히나 포퓰리스트가 정치 냉소주의자를 동원한다는 이 책의 연구결과는 민주시민 교육 없이 민주주의의 발전이 불가능하다는 점을 일깨워준다. 정치 냉소주의는 정치가 원인이 아니라 정치에 대한 이해 부족이 원인이기 때문이다. 페로의 등장에 미국 언론의 역할이 결정적이었음은 앞에서 이미 살펴보았다. 임순미(2012)의 연구는 안철수의 등장에도 진보언론의 기여가 매우 컸음을 보여주었다. 안철수가 페로처럼 돈으로 표를 얻은 건 아니지만 기자의 결혼식까지 빠지지 않고 찾아갈 정도로 기자 관리를 잘 한 것으로 유명한 일화가 있다(조은미 2012).

선진 민주국가에서도 포퓰리즘 동원 과정에서 언론의 역할은 매우 중요하다. 오늘날 새로운 미디어의 발달로 구미디어는 치열한 경쟁을 해야 할 뿐만 아니라 선정주의의 유혹과 상업주의의 압력을 받고 있다. 비정치 분야에서 신화를 바탕으로 변신한 정치인의 경우, 미디어로서는 상업주의뿐 아니라 뉴스 가치의 면에서도 많은 보도를 쏟아낼 유혹을 느낀다. 하지만 검증되지 않은 정치인에 대한 호의적인 보도가 거품의 인기를 만들어낼 때 민주주의에 미칠 부정적인 영향에 대해서 사회적 책임을 느껴야 할 것이다.

시민들은 여론의 길잡이가 되어야 할 언론이 대체로 정파적이거나 보수적이라며 시민사회 공론의 장으로서의 역할을 제대로 수행하지 못하고 있다고 느낀다고 한다(반현 2005). 그러나 II장의 연구결과는 진보언론도 제 역할을 하지 못한다는 점을 시사한다. 이소영(2014)은 "진보 성향 미디어는 새정련 지지자들의 태도를 더욱 극화시키는 경향을 보이지만, 새누리당 지지자들의 태도를 보다 중립화시키는 역할을 하지는 못하는 것으로 조사되었다. 반면 보수 성향 미디어는 새누리당 지지자들의 태도의 극화를 특별히 더 심화시키는 작용을 하지는 않는 반면, 새정련 지지자들의 태도 극화를 다소 완화시키는 작용을 하는 것으로 나타났다"고 보고했다. 이와 유사한 결과가 SNS 사용자를 연구한 다른 연구에서도 발견된다(노정규·민영 2012; 박상운 2013; 이소영 2014에서 재인용). SNS 사용자가 또래 집단의 영향을 받아 동질화된다는 사실은 경험적으로나 연구결과로도 잘 알려진 사실이다. 그러나 진보언론까지 지지자의 태도를 극화시키는 역할을 한다는 사실은 심각한 문제를 초래할 수 있다.

이소영의 연구는 극화된 태도를 지닌 사람만 진보언론을 보는지 혹은 실제로 진보언론이 태도를 극화시키는 역할을 하는지는 방법론적으로 인과관계를 규명하지는 못한다. 하지만 어느 쪽이든 진보언론의 역할이 매우 제한적이고 부정적임을 말해준다. 진보언론이 극소수에게만 접근성을 제공하거나 혹은 진보언론의 독자를 국민 다수로부터 멀어지게 만드는 역할을 하기 때문이다. 게다가 진보언론은 보수언론과 달리 상대 진영의 유권자를 변화시키는 데에도 전혀 영향을 미치지 못하는 것으로 나타났다. 지속적으로 진보가 보수에게 패하는 데에는 원래 기울어진 운동장 탓도 있지만 진보언론의 역할이 보수언론의 역할보다 더 부정적인 것도 한 이유라고 생각된다. 언론의 상업주의, 선정주의의 지양과 민주주의를 향한 언론의 사회적 책임의식에 보다 많은 관심이 요구된다고 할 수 있다. 무엇보다 안철수 현상에 대한 오판을 계기로 진보언론의 성찰과 각성이 필요하다는 점을 본 연구결과는 시사한다.

에필로그

반기문 현상은 등장할 것인가?

향후 한국 정치에 또 다른 안철수 현상이 등장할 것인가? 안철수는 다시 주인공이 되어 안철수 현상을 이어가고 현실정치에서도 성공할 수 있을까? 안철수 지지자들은 정당 불신자들이라기보다는 다양한 사람들로 구성되어 있었다. 무당파, 민주당 지지자, 정치 냉소주의자 등 정당 발전과 관련해 특정 방향을 바라보고 있지 않다. 이 때문에 이들을 하나의 세력으로 규합하는 것은 애초부터 불가능한 일이었다. 결과적으로 양당제를 선호하는 현재의 소선거구 다수제하에서 안철수가 성공할 수 있었던 유일한 길은 민주당과 결합해 진보적인 개혁파와 중도적인 안철수파가 민주당 내 주류와 비주류를 형성하면서 당내 공정한 경쟁을 통해 당내 민주주의를 강화하는 것이었다고 할 수 있다. 이것이 정당 발전이나 본인의 정치적 성공을 위해서도 최선의 대안이었다. 안철수 현상은 사라졌지만 정치인 안철수는 민주당과의 합당으로 인해 절반의 성공을 이뤘었다고 평가할 수 있다.

불행하게도 안철수는 2016년 총선을 앞두고 호남의 구정치인들과 함께 탈당하여 신당을 창당해 '국민의 당'이란 정당을 만들었다. 정당의 이름도 전형적인 포퓰리스트 정당이라고 할 수 있다. 안철수가 지속적으로 포퓰리스트의 면모를 보여줄지 변화를 보일지는 향후 행보를 더 지켜봐야겠지만 국민의 당은 몇 명 되지 않는 의원들 사이에서도 갈등을 조정하지 못하고 분열하고 있다. 그대로 놔두면 총선에서 원내교섭단체 구성에도 실패하고 다른 포퓰리스트 정당의 운명을 뒤따를 가능성이 매우 높다.

한국 정치가 만일 제도화가 이루어지고 발전했다면 대선에서 포퓰리스트 후보가 등장해 여론조사에서 1위를 달리는 일은 불가능했을 것이다. 따라서 안철수 현상이 나타났다는 그 자체가 한국 정치의 후진성을 보여주는 것이라고 생각한다. 그럼에도 불구하고 안철수의 지지도가 하락해 후보를 사퇴하게 된 것은 그나마 깨어있는 시민들의 현명한 선택이 영향을 미쳤다고 생각된다. 따라서 안철수의 후보 사퇴는 포퓰리즘에 대한 시민의식의 승리라고 할 수 있다.

일각에서는 양대 기득권 정당의 벽을 넘지 못하고 안철수가 실패했다고 안타까워하는 사람도 있는데 이는 어불성설이다. 왜냐하면 한국은 엄밀히 말해서 미국과 영국과 같은 양당제 국가가 아니다. 양당제라 하면 양당이 서로 정권교체를 할 확률이 장기적으로 1/2이 되어야 한다. 하지만 해방 후 정당의 모습을 갖춘 시기를 1961년 이후로만 잡는다 해도 한국 사회에서 지난 56년 동안 야당이 정권을 잡은 기간은 10년 밖에 되지 않는다. 한국에서 야당이 집권할 확률은 18%에 지나지 않는다. 그렇게 야당이 허약했기에 안철수 같은 포퓰리스트가 제1야당을 휘저을 수 있었다고 본다. 기득권 양당이 발달해 있는 나라였다면 상상할 수도 없는 일이다.

도날드 프럼프(Donald Trump)나 칼리 피오리나(Karly Fiorina)와 같은 기업인이 공화당 후보 중에서 여론조사의 선두를 달리고 있는 이유는 미국에서도 포퓰리즘에 의한 정치 냉소주의자의 동원이 점점 심화되고 있기 때문이라고 생각된다. 미국에서도 매스컴의 발달, 정당 기능의 약화, 무당파의 증가 등으로 양당제의 쇠퇴가 불러온 현상이라고 할 수 있다.

포퓰리즘은 이룰 수 없는 정치공약을 담고 있다는 점에서 구조적으로 실패 요인을 내재하고 있다. 하지만 포퓰리스트 후보가 기존의 주요 정당과 결합하면 어떤 결과가 도출될지 가늠하기 어려운 상황이 최근 전개되고 있다. 만일 포퓰리스트가 주요 정당의 후보로 선출된다면 본선에서의 성공 가능성은 그만큼 낮아질 것이다. 그러나 만일에 포퓰리스트가 대통령에 당선되는 상황이 벌어지게 된다면 대의제의 중간제도를 건너뛰는 포퓰리즘 정치를 구사함으로써 대의민주주의는 위기에 처할 수도 있을 것이다.

최근 여야에서 반기문 UN 사무총장을 대선후보로 영입하기 위한 노력이 언론에 보도되곤 한다. 만일 반기문이 정치권 진입을 결심한다면 우리는 제2의 안철수 현상을 목도하게 될 것인가? 그럴 가능성이 없지는 않다고 본다. 탈정당화의 세계적인 추세 때문이다. 특히 차기 대선 후보로서의 매력적인 대안이 존재하지 않는 새누리당 지지자들이 야권을 이길 수 있는 후보로서 제2의 안철수 현상을 추동할 가능성이 없지 않다. 그러나 반기문 현상은 포퓰리스트의 동원과 열정적 지지라는 점에서 안철수 현상만큼 강하게 나타나지는 않을 것이라고 예상된다. 안철수 현상을 통해 국민들은 검증되지 않은 정치인에 대한 기대와 현실 정치력의 차이에 대해 이미 학습을 했기 때문이다. 하지만 반기문은 경선이나 본선에서 무소속이었던 안철수와 비교해서는 훨씬 높은 경쟁력을 보여줄 것이라고 예상할 수 있다. 사적 영역에서 활동했던 안철수와 달리 평생 공직을 경험한 반기문의 경우는 포퓰리즘에서 한 발 비켜 있을 가능성이 높기 때문이다. 반기문의 인기는 그가 비정치인이라는 데에서 비롯될 것이지만 그의 성공 가능성은 모순적이게도 그가 얼마나 포퓰리즘으로부터 벗어나 책임 있는 대안을 제시하는 정치인으로 변신하느냐에 달려있다고 할 수 있다.

참고문헌

가상준. 2010. “국회 소위원회를 통한 토론 활성화 방안 모색.” 『현대정치연구』 3(2): 151-192.

강민수·조재현. 2012. “손호철 ‘정치쇄신안, 문재인 B 박근혜 C 안철수 D학점’.” 『오마이뉴스』 (11월14일), http://www.ohmynews.com/NWS_Web/View/at_pg.aspx?CNTN_CD=A0001802136 (검색일:2015.11.14.).

강원택. 2010. 『한국 선거정치의 변화와 지속』. 서울: 나남.

강원택. 2011. “국회 소위원회 제도의 운영 현황과 발전 방안.” 『현대정치연구』 4(2): 5-27.

강원택. 2013a. “유권자의 이념성향과 후보선택.” 한국정당학회 춘계 학술 대회. 서울. 3월.

강원택. 2013b. “‘안철수현상’과 2012년 대선.” 박찬욱·김지윤·우정엽 엮음. 『한국유권자의 선택2: 18대 대선』 아산정책연구원 선거연구 시리즈3.

고원. 2014. “안철수 ‘중도정치’의 효과성에 관한 연구: 방향이론(directional theory)의 관점을 중심으로.” 『한국정치연구』 23집 3호: 83-110.

권익수. 2012. “책임, 공감, 진심, 그리고 새로운 미래: 안철수의 대선출마연설문에 나타난 프레임 분석." 『언어와 언어학』 57집: 1~26.

김설아. 2015. "안철수 "문재인, 나를 보지말고 국민을 보라" 〔기자회견 전문〕." 『머니위크』 (09월06일), http://www.moneyweek.co.kr/news/mwView.php?no=2015090614148079038 (검색일: 2016.01.15.).

김아람. 2013. "여의도 둥지 튼 안철수, '새문법 찾아내겠다'." 『아시아투데이』 (12월 23일), http://www.asiatoday.co.kr/view.php?key=913413 (검색일: 2015.11.14.).

김아진. 2012. "安 결단, 3-4명 정도만 눈치… 사퇴 하루전 회견문 작성." 『국민일보』 (11월25일), http://news.kmib.co.kr/article/view.asp?arcid=0006660573&code=11121900 (검색일: 2016.01.16.).

김용호. 2004. "네티즌 포퓰리즘이냐, 새로운 형태의 정치참여인가?: 「노사모」 사례 연구." 「2004 IT 정책연구 자료집: 정보기술과 정치, 사회의 변화」 정보화 정책자료 2004-3. 한국 전산원.

김용호. 2012. "총선평가와 대선전망: 역사적 조망." 국회입법조사처·한국정당학회 주최 총선평가 학술회의. 서울. 4월.

김욱. 2008. "민주 정치제도와 국회: 국회의 대 행정부 관계와 입법 효율성을 중심으로." 『정치정보연구』 11집 2호, 53-71.

김일영. 2011. "참여민주주의인가, 신자유주의적 포퓰리즘인가: 김대중 및 노무현정권과 포퓰리즘 논란." 『의정연구』 10집 1호: 115-144.

김정아·채백. 2008. "언론의 정치 성향과 프레임: '이해찬 골프'와 '최연희 성추행' 사건의 보도를 중심으로." 『한국언론정보학회』 41집: 232-267.

김정훈. 2012. "안철수 현상, 그리고 희망 혹은 희망고문." 『경제와 사회』 93집: 104-136.

김종법. 2004. "하부정치문화요소를 통해 본 베를루스꼬니 정부의 성격." 『한국정치학회보』 38집 5호: 417-455.

김준석. 2013. "안철수현상의 분석." 한국정당학회 춘계 학술 대회. 서울. 3월.

김준철. 2015. "신문의 여론조사 보도 형태와 유권자의 후보선택에 관한 연구." 『의정논총』 10집 1호: 93-120.

김진우. 2012. "安캠프, '팀장급 이상' 60% 기존 정당 출신...19대 공천탈락자 6명." 『이데일리』 (10월 29일), http://www.edaily.co.kr/news/NewsRead.edy?SCD=JF21&newsid=01108646599697840&DCD=A00602&OutLnkChk=Y (검색일: 2016.03.07.).

노정규·민영. 2012. "정치 정보에 대한 선택적 노출이 태도 극화에 미치는 효과: 비정치적 온라인 커뮤니티 이용자들을 대상으로." 『한국언론학보』 56집 2호: 226-248.

디지털뉴스팀. 2014. "안철수 "노무현 대통령처럼, 정면돌파." 『경향신문』 (3월 31일), http://media.daum.net/politics/others/newsview?newsid=20140331111307884 (검색일: 2015.11.14.).

미디어오늘. 2011. "MBC 여론조사, 안철수 59%, 박근혜 33%." (9월 10일), http://www.mediatoday.co.kr/news/articleView.html?idxno=97327 (검색일: 2015.12.31).

민지연. 2012. "안철수 대선출마 기자회견 전문." 『뉴스포스트』 (9월 19일), http://www.newspost.kr/news/articleView.html?idxno=11735 (검색일: 2015.11.14.).

반현. 2005 "시민사회의 공론장으로서 신문위기 연구." 『정치정보연구』 8집 2호: 285-309.

박기수. 2011. "4대강 사업 뉴스에 대한 보도 프레임 연구." 『한국언론학보』 55집 4호: 5-26.

박상운. 2013. "왜 SNS에서 정치 양극화가 지속되는가? 의사소통 대상, SNS 정보 신뢰도, 타인 신뢰도를 중심으로." 『사회과학연구』 30집 1호: 235-252.

박순애. 2006. "정부에 대한 이해와 정부 신뢰의 관계: 우리나라 대학생을 중심으로." 『한국행정학보』 40집 2호: 73-97.

박원호·송정민. 2012. “정당은 유권자에게 얼마나 유의미한가?: 한국의 무당파층과 국회의원 총선거.” 『한국정치연구』 21집 2호: 115-143.

박윤희. 2015. “국회의원의 현직효과가 재당선에 미치는 효과분석.” 『의정논총』 10집 1호: 37-64.

박통희. 1999. “신뢰의 개념에 대한 비판적 검토와 재구성.” 『한국행정학보』 33집 2호: 1-17.

박홍규. 2013. “유교적 정치가와 성숙한 민주주의: 안철수 민란.” 한국정치학회 춘계학술 대회. 서울. 4월.

변휘. 2012. “[전문]박근혜 대선출마 선언문.” 『머니투데이』 (7월 10일), http://news.zum.com/articles/3031648 (검색일: 2015.11.14.).

서병훈. 1988. “포퓰리즘의 이념적 위상.” 『한국정치학회보』 12집 1호: 43-65.

서복경. 2011. “제도개혁의 정치 : 선거구제 개편 논의를 중심으로.” 『현대정치연구』 4(2): 53-73.

선대식. 2012. “박선숙 “단일화 필승론 경계해야.” 『오마이뉴스』 (10월 22일), http://www.ohmynews.com/NWS_Web/View/at_pg.aspx?CNTN_CD=A0001792566&CMPT_CD=SEARCH (검색일: 2015.11.14.).

손가영. 2015. “새정치 송호창 ‘안철수, 3당합당 당시 노무현 같다’.” 『미디어오늘』 (9월 21일), http://www.mediatoday.co.kr/news/articleView.html?idxno=125172 (검색일: 2015.11.14.).

송수경. 2012. “민주 전직의원 67명 ‘당원의 후보선택 자유화해야’.” 『연합뉴스』 (11월 16일), http://news.naver.com/main/read.nhn?mode=LSD&mid=sec&sid1=100&oid=001&aid=0005937834 (검색일: 2016.03.07.).

신정록. 2012. “안철수, 11월부터 大選과외 받고 있다.” 『조선일보』 (2011년12월 29일), http://news.chosun.com/site/data/html_dir/2011/12/29/2011122900207.html (검색일: 2015.12.30).

심혜리·조미덥. 2015. “[인터뷰] 금태섭 “안철수, 승부에 다 못걸어 … 새정치, 사회문제에 정면으로 안 부딪쳐.” 『경향신문』 (8월19일), http://news.khan.co.kr/kh_news/khan_art_view.html?artid=201508192113561&code=910100 (검색일: 2015.11.14.).

안은별. 2012. “도올 김용옥 ‘안철수, 인류사에 유례없는 기현상’.” 『프레시안』 (08월 21일), http://www.pressian.com/news/article.html?no=68003 (검색일: 2016.01.15.).

안종기. 2015. “ 제3후보로서의 안철수의 부상(浮上)원인의 이해: 2012년 대통령선거 과정에 대한 분석을 중심으로.” 『사회과학연구』 31집 3호: 285-331.

안철수. 2012. 『안철수의 생각』. 서울: 김영사.

유창선. 2013. “안철수, 내년 6월까지 버틸 동력은 무엇인가.” 『폴리뉴스』 (08월14일), http://www.polinews.co.kr/news/article.html?no=183613 (검색일: 2016.01.15.).

윤희웅. 2011. “[KSOI 여론스코프] 새로운 정치문법 창조하는 안철수.” 『주간경향』 (12월 6일), http://newsmaker.khan.co.kr/khnm.html?mode=view&artid=201111291856361&code=113 (검색일: 2015.11.14.).

이상신. 2012. “정치인의 사인화(私人化)와 대선 후보자의 인지적 평가: 박근혜, 안철수, 문재인의 스키마(Schema) 분석.” 『한국정치학회보』 46집 4호: 149-170.

이소영. 2014. “정당 미디어 그리고 정치적 선호: 6.4서울시장 선거 유권자의 선택적 미디어노출과 정치적 태도.” 『21세기 정치학회보』 24집 3호: 217-245.

이주연. 2011. “안철수 “서울시장 출마 고민하고 있다.” 『오마이뉴스』 (9월 2일) http://www.ohmynews.com/NWS_Web/View/at_pg.aspx?CNTN_CD=A0001621084&CMPTCD=SEARCH (검색일: 2015년 12월 30일)

이창수. 2008. “노무현 전 대통령의 연설문에 나타난 정체성 연구-비평담화분석 관점에서.” 『담론화와 인지』 15집 2호: 143-161.

이창헌·노찬백. 2005. “효율적인 의정활동을 위한 정당의 역할.” 『정치정보연구』 8집 1호: 33-67.

이현수. 2014. “안철수 지지율 ‘한자릿수’ 추락.” 『the 300』 (8월 2일). http://the300.mt.co.kr /newsView.html?no=2014080211407632677 (검색일: 2015.11.14).

이현숙. 2013. “세종시 뉴스보도에 나타나는 프레임분석.” 『정치정보연구』 16집 1호: 229-264.

임미영·안창현·감규식·유홍식. 2010. “박근혜에 대한 보도 프레임 분석.” 『언론과학연구』 10집 3호: 457-498.

임순미. 2010a. “정치리더의 레토릭에 나타난 가치프레임: 노무현 전 대통령과 이명박 대통령의 신년국정연설 비교.” 『21세기정치학회보』 20집 1호: 71-98.

임순미. 2010b. “‘집단지성’(Collective Intelligence)에 대한 언론프레임 연구.” 『정치정보연구』 13집 2호: 161-189.

임순미. 2011. “무상급식논쟁을 통해본 보수의 담론·진보의 담론.” 『한국정치학회보』 45집 2호: 251-279.

임순미. 2012. “정치인의 이미지 프레이밍: 안철수에 대한 보도 양태 분석.” 『현대정치연구』 5집 2호: 5-44.

임양준. 2009. “미국산 수입 쇠고기와 촛불시위 보도에 나타난 뉴스프레임 비교연구.” 『한국언론정보학보』 46호: 108-147.

임양준. 2013. “한국신문의 천안함 사태에 대한 프레임 비교분석.” 『사회과학연구』 52집 1호: 251-285.

장훈. 2011. “안철수, 구태 정당에 ‘한 방’ 먹였다.” 『동아일보』 (09월06일), http://news.donga.com/3/all/20110906/40105449/1 (검색일: 2016.02.29.).

전성기 외. 2004. 『(텍스트 분석방법으로서의) 수사학』. 서울: 유로서적.

정병기. 2012. “서유럽 포퓰리즘의 성격과 특징: 프랑스, 이탈리아, 오스트리아, 벨기에, 노르웨이의 네오포퓰리즘 정당을 중심으로.” 『대한정치학회보』 20집 2호: 139-164.

정해구. 2011. “안철수 현상, 시민정치의 부상, 정당정치 재편의 전망.” 『내일을 여는 역사』 45집: 50-65.

조기숙. 2011. "정당재편성 이론으로 분석한 2007 대선." 『한국과 국제정치』 27집 4호: 187-218.

조기숙. 2012. "안철수현상의 배경과 전개과정 예측." 〈한국정치의 새로운 패러다임〉 한국비전2050포럼 주최 세미나. 서울. 9월.

조기숙. 2013. "'정당지지'에 기초한 선거예측 종합모형: 19대 총선의 구조를 중심으로." 『한국정치학회보』 47집 4호: 71-92.

조기숙. 2015a. "안철수현상의 동인: 정당불신 혹은 정치냉소주의?" 『한국정치연구』 24집 3호: 55-86.

조기숙. 2015b. "안철수 현상에 대한 진영언론의 담론평가: 변혁의 리더십 혹은 포퓰리즘." 『의정논총』 10집 2호: 163-191.

조기숙·김선웅. 2002. "총선연대의 낙선운동이 총선투표율을 낮추었나?" 『한국정치학회보』 36집 1호: 251-279.

조기숙·정태호 편. 2012. 『한국민주주의 어디까지 왔나』. 고양: 인간사랑.

조은미. 2012. "진심 정치란 이런 것? 기자 결혼식까지 찾아가는 안철수." 『JTBC 뉴스』 (11월 11일), http://news.jtbc.joins.com/article/article.aspx?news_id=NB10198498 (검색일: 2016.03.07).

조희연·이창언. 2013. "대안정치성의 접합경쟁, 안철수 현상, 이정희 효과." 『경제와 사회』 97집: 97-120.

주영기. 2013. "한국 신문의 정치적 성향에 따른 기후 변화 뉴스 프레이밍 파이." 『언론과학연구』 13집 3호: 591-626.

최병성. 2012. "[문재인 대선출마 선언문 전문]'우리나라 대통령 되겠다'." 『뷰스앤뉴스』 (6월 17일), http://www.viewsnnews.com/article?q=87704 (검색일: 2015.11.14).

최종숙. 2013. "복합적 유권자층의 등장? 안철수 지지집단의 이념성향 분석." 『한국과 국제정치』 29집 3호: 87-120.

Abedi, Arim. 2002. "Challenges to established parties: The effects of party system features on the electoral fortunes of anti-political-establishment parties." *European Journal of Political Research*, 41(4): 551-583.

Abramson, Paul R., John H. Aldrich, Phil Paolino, and David W. Rohde. 1994. "The problem of third-party and independent candidates in the American political system: Wallace, Anderson, and Perot in comparative perspective." In *Paper delivered at the 1994 Annual Meeting of the American Political Science Association, New York.*

Agger, Robert E., Marshall N. Goldstein, and Stanley A. Pearl. 1961. "Political Cynicism: Measurement and Meaning." *The Journal of Politics* 23(3): 477-506.

Akkerman, Agnes, Cas Mudde, and Andrej Zaslove. 2014. "How Populist Are the People? Measuring Populist Attitudes in Voters." *Comparative Political Studies* 47(9): 1324-1353.

Allen, Neal, and Brian J. Brox. 2005. "The roots of third party voting the 2000 nader campaign in historical perspective." *Party Politics* 11(5): 623-637.

Alvarez, R. Michael, and Jonathan Nagler. 1995. "Economics, Issues And The Perot Candidacy: Voter Choice In The 1992 Presidential Election." *American Journal of Political Science* 39(3): 714-744.

Asher, Herb. 1995. "The Perot Campaign." In *Democracy's Feast: Election in America*, edited by Herbert F. Weisberg, Chantham, N.J.: Chantham House Publishers.

Atkeson, Lonna R., James A. McCann, Ronald B. Rapoport, and Walter J. Stone. 1996. "Citizens for Perot: Assessing patterns of alienation and activism." *Broken Contract: Changing Relationships Between Americans and*

Their Government.

Balz, Dan. 1993. "A Year Later, Perot's Purpose Is Still Unclear." *Washington Post* (June 22). https://www.highbeam.com/doc/1P2-952283.html(accessedJanuary15,2016)

Balz, Dan. 1994. "Internal Battles Shake Foundation of Perot's Political Structure." *Washington Post* (April 24). https://www.washingtonpost.com/archive/politics/1994/04/24/internal-battles-shake-foundation-of-perots-political-structure/5cfad30a-c72e-4609-928a-182f6c5ab202/ (accessedJanuary15,2016)

Berke, Richard L. 1992. "THE 1992 CAMPAIGN: The Overview; PEROT SAYS HE QUIT IN JULY TO THWART G.O.P. 'DIRTY TRICKS' ." *New York Times* (October 26). http://www.nytimes.com/1992/10/26/us/1992-campaign-overview-perot-says-he-quit-july-thwart-gop-dirty-tricks.html?pagewanted=all&src=pm (accessed January12, 2016)

Bromley, Catherine, and John Curtice. 2004. "Are Non-Voters Cynics Anyway?" *Journal of Public Affairs* 4(4): 328-337.

Campus, Donatella, and Gianfranco Pasquino. 2006. "Leadership In Italy: The Changing Role Of Leaders In Elections And In Government." *Journal of Contemporary European Studies* 14(1): 25-40.

Canovan, Magaret. 1982. "Two Strategies for the Study of Populism." *Political Studies* 30(4): 544-552.

Canovan, Margaret. 1984. "'People', Politicians and Populism." *Government & Opposition* 19(3): 312-327.

Canovan, Margaret. 1999. "Trust The People! Populism And The Two Faces Of Democracy." *Political Studies* 47(1): 2-16.

Canovan, Margaret. 2002. "Taking Politics to the People: Populism as the Ideology of Democracy." In *Democracies and the Populist Challenge,* edited by Mény Yves and Surel Yves, New York: Palgrave.

Capoccia, Giovanni. 2002. "Anti-System Parties A Conceptual Reassessment." *Journal of Theoretical Politics* 14(1): 9-35.

Cappella, Joseph N. and Kathleen Hall Jamieson. 1997. *Spiral of cynicism: The press and the public good*. Oxford University Press, USA.

Chamberlain, Adam. 2012. "A time-series analysis of external efficacy." *Public opinion quarterly* 76(1): 117-130.

Chiu, Tony 저 이순주 역. 1992.『미국 대통령 후보가 된 세일즈맨 로스페로』. 서울: 고려원.

Cho, Kisuk. 2015. "What Gave Rise to Third Party Candidates in Korea and the U.S.: a comparative Study of Ross Perot and Ahn Chul-Soo." Paper presented at the International Conference of Asian Electoral Studies in Keio University, Japan. October.

Chressanthis, George A. 1990. "Third party voting and the rational voter model: Empirical evidence from recent presidential elections." *Public Choice* 65(2): 189-193.

Chressanthis, George A., and Stephen D. Shaffer. 1993. "Major-party failure and third-party voting in presidential elections, 1976-1988." *Social Science Quarterly,* 264-273.

Citrin, Jack. 1974. "Comment: the political relevance of trust in government." *American Political Science Review* 68(3): 973-988.

Citrin, Jack, and Donald Philip Green. 1986. "Presidential Leadership And The Resurgence Of Trust In Government." *British Journal of Political Science* 16(4): 431-453.

Collet, Christian. 1996. "Trends: Third parties and the two-party system." *Public Opinion Quarterly*, 431-449.

Conniff, Michael L. 1999. *Populism in Latin America*. Tuscaloosa: University of Alabama Press.

Craig, Stephen C., and Michael A. Maggiotto. 1981. "Political discontent and political action." *The Journal of Politics* 43(2): 514-522.

Dalisay, Francis, Jay D. Hmielowski, Matthew James Kushin, and Masahiro Yamamoto. 2012. "Social capital and the spiral of silence." *International Journal of Public Opinion Research*, eds023.

Dalton, Russell J. 2008. *Citizen Politics: Public Opinion and Political Parties in Advanced Industrial Democracies*. Irvine: University of California Press.

Dalton, Russell J., and Steven A. Weldon. 2005. "Public Images Of Political Parties: A Necessary Evil?" *West European Politics* 28(5): 931-951.

Day, Michael. 2015. *Being Berlusconi: The Rise and Fall from Cosa Nostra to Bunga Bunga*. Macmillan.

Dekker, Paul. 2007. "'Political cynicism' in the course of time: Negative attitudes towards politics in The Netherlands, 2002-2007." Paper presented for the Political Psychology section at the ECPR general conference in Pisa, Italy. September.

Denison, David. 1992. "Perot: New Style Populist?" *Baltimore Sun* (June 28). http://articles.baltimoresun.com/1992-06-28/news/1992180043_1_ross-perot-new-pol(accessedDecember26,2015)

Deutchman, Iva Ellen, and Anne Ellison. 1999. "A star is born: The roller coaster ride of Pauline Hanson in the news. Media." *Culture & Society* 21(1): 33-50.

Dix, Robert H. 1985. "Populism: Authoritarian and Democratic." *Latin Amer-*

ican Research Review 20(2): 29-52.

Easton, David. 1975. "A re-assessment of the concept of political support." *British Journal of Political Science* 5(4): 435-457.

Erber, Ralph, and Richard R. Lau. 1990. "Political Cynicism Revisited: An Information-Processing Reconciliation Of Policy-Based And Incumbency-Based Interpretations Of Changes In Trust In Government." *American Journal of Political Science* 34(1): 236-253.

Eisinger, Robert M. 2000. "Questioning cynicism." *Society* 37(5): 55-60.

Fabbrini, Sergio. 2014. "The Rise And Fall Of Silvio Berlusconi: Personalization Of Politics And Its Limits." *Comparative European Politics* 11(2): 153-171.

Follet, Ken 저 정성호 역. 1992.『로스 페로의 결단과 야망』. 서울: 열림원.

Germond, Jack Worthen, and Jules Witcover. 1993. *Mad As Hell: Revolt at the Ballot Box, 1992.* New York: Warner Books.

Ginsborg, Paul. 2005. *Silvio Berlusconi: Television, power and patrimony.* Verso.

Gold, Howard J. 1995. "Third Party Voting In Presidential Elections: A Study Of Perot, Anderson, And Wallace." *Political Research Quarterly* 48(4): 751-773.

Greenstein, Fred I. 2000. *The Presidential Difference.* Princeton, N.J.: Princeton University Press.

Hawkins, Kirk. 2009. "Is Chavez Populist?: Measuring Populist Discourse in Comparative Perspective." *Comparative Political Studies* 42(8): 1040-1067.

Hawkins, Kirk, Scott Riding, and Cas Mudde. 2012. "Measuring populist attitudes." *Political Concepts Committee on Concepts and Methods Working Paper Series* 55: 1-35.

Hayward, Jack. 1996. *Elitism, populism, and European politics*. Oxford. Oxford University Press.

Hetherington, Marc J. 1998. "The political relevance of political trust." *American Political Science Review* 92(4): 791–808.

Hetherington, Marc J. 1999. "The effect of political trust on the presidential vote, 196896." *American Political Science Review* 93(2): 311–326.

Hetherington, Marc J. 2001. "Declining Political Trust and a Shrinking Public Policy Agenda." Paper prepared for Center for the Study of Democratic Politics Conference on Trust In Government in Princeton, NJ, USA. December.

Hockenos, Paul. 1995. "Jorg Haider" *World Policy Journal* 12(3): 75–80.

Holmes, Steven A. 1992. "The 1992 Elections: Disappointment News Analysis an Eccentric but No Joke; Perot's Strong Showing Raises Questions on What Might Have Been, and Might Be." *The New York Times* (November 05).

Hooghe, Marc, Sofie Marien, and Teun Pauwels. 2011. "Where Do Distrusting Voters Turn If There Is No Viable Exit Or Voice Option? The Impact Of Political Trust On Electoral Behaviour In The Belgian Regional Elections of June 2009." *Gov. & oppos.* 46(02): 245–273.

Hooghe, Marc. 2011. "Why There Is Basically Only One Form Of Political Trust." *The British Journal of Politics & International Relations* 13(2): 269–275.

Howell, Susan E. 1994. "Racism, Cynicism, Economics, And David Duke." *American Politics Research* 22(2): 190–207.

Kim, Sunwoong, and Kisuk Cho. 2004. "Political Cynicism, Public Interest Blackballing and Voter Turnout: The Case of South Korea's 2000

National Assembly Elections." *Japanese Journal of Political Science* 5(1): 91–111.

Kitschelt, Herbert. 2002. "Popular Dissatisfaction with Democracy: Populism and Party Systems." In *Democracies and the Populist Challenge,* edited by Mény Yves and Surel Yves, 179–196. New York: Palgrave.

Koch, Jeffrey. 1998. "The Perot Candidacy And Attitudes Toward Government And Politics." *Political Research Quarterly* 51(1): 141–153.

Koch, Jeffery. 2003. "Political Cynicism and Third Party Support in American Presidential Elections." *American Politics Research* 31(1): 48–65.

Kotra 국가정보. 2013. "이탈리아의 정치사회동향." 『네이버 지식백과』 (12월20일), http://terms.naver.com/entry.nhn?docId=2082684&cid=48584&categoryId=48584 (검색일: 2016.02.21.).

Krouwel, André, and Koen Abts. 2005. "The Structure of Political Discontent." In *Conference on Euroskepticism, Amsterdam*.

Krouwel, André, and Koen Abts. 2007. "Varieties of Euroscepticism and populist mobilization: transforming attitudes from mild Euroscepticism to harsh Eurocynicism." *Acta politica* 42(2): 252–270.

Lacy, Dean, and Barry C. Burden. 1999. "The vote-stealing and turnout effects of Ross Perot in the 1992 US presidential election." *American Journal of Political Science* 43(1) 233–255.

Lacy, Dean, Barry Burden, and North Yard. 2000. "The vote-stealing and turnout effects of third-party candidates in US presidential elections, 1968–1996." *Unpublished manuscript.*

Lakatos, Zoltán. 2015. "Traditional Values and the Inglehart Constructs." *Public Opinion Quarterly* 79(S1): 291–324.

Layton, Matthew L., and Amy Erica Smith. 2015. "Incorporating Marginal

Citizens and Voters: The Conditional Electoral Effects of Targeted Social Assistance in Latin America." *Comparative Political Studies* 48(7): 854-881.

Lewicki, Roy J., Daniel J. McAllister, and Robert J. Bies. 1998. "Trust And Distrust: New Relationships And Realities." *The Academy of Management Review* 23(3): 438-458.

Litt, Edgar. 1963. "Political cynicism and political futility." *The Journal of Politics* 25(2): 312-323.

Lom, Petr. 2000. "The implications of scepticism." *European journal of Social Theory* 3(3): 325-338.

Loosveldt, Geert, and Vicky Storms. 2008. :Measuring public opinions about surveys." *International Journal of Public Opinion Research* 20(1): 74-89.

Lutz, James M. 1991. "Marginality, Major Third Parties and Turnout in England in the 1970s and 1980s: a Re-Analysis and Extension." *Political Studies* 39(4): 721-726.

Magee, Christopher SP. 2003. "Third-Party Candidates and the 2000 Presidential Election." *Social Science Quarterly* 84(3): 574-595.

Matthes, Jörg. 2013. "Do hostile opinion environments harm political participation? The moderating role of generalized social trust." *International Journal of Public Opinion Research* 25(1): 23-42.

McDonnell, Duncan. 2013. "Silvio Berlusconi's Personal Parties: From Forza Italia To The Popolo Della Libertà." *Political Studies* 61: 217-233.

Mény, Yves, and Surel Yves. 2002. *Democracies And The Populist Challenge*. New York: Palgrave Macmillan.

Miller, Arthur H. 1974. "Political issues and trust in government: 19641970." *American Political Science Review* 68(3): 951-972.

Miller, Arthur H., and Ola Listhaug. 1990. "Political Parties And Confidence In Government: A Comparison Of Norway, Sweden And The United States." *British Journal of Political Science* 20(3): 357–386.

Mishler, William, and Richard Rose. 1997. "Trust, distrust and skepticism: Popular evaluations of civil and political institutions in post-communist societies." *The Journal of Politics* 59(2): 418–451.

Mouzelis, Nicos. 1985. "On the Concept of Populism: Populist and Clientelist Modes of Incorporation in Semiperipheral Politics." Politics & Soceity 14(3): 329–348.

Mudde, Cas. 2007. *Populist radical right parties in Europe*. Cambridge, UK: Cambridge University Press.

Mudde, Cas, and Kaltwasser, Cristóbal R. 2013. "Exclusionary vs. Inclusionary populism: Comparing Europe and Latin America." *Government and Opposition*. 48: 147–174.

Neustadt, Richard E. 1990. *Presidential Power And The Modern Presidents: The Politics of Leadership for Roosevelt to Reagan*. New York: Free Press.

The New York Times. 1992. "The 1992 CAMPAIGN: On the Trail; POLL GIVES PEROT A CLAR LEAD." (June 11). http://www.nytimes.com/1992/06/11/us/the-1992-campaign-on-the-trail-poll-gives-perot-a-clear-lead.html (accessed December 28, 2015).

Nir, Lilach, and Scott D. McClurg. 2015. "How Institutions Affect Gender Gaps in Public Opinion Expression." *Public Opinion Quarterly* 79(2): 544–567.

Nye, Joseph S, Philip Zelikow, and David C King. 1997. *Why People Don't Trust Government*. Cambridge, Mass.: Harvard University Press.

Patterson, Thomas. 1993. *Out of Order*, New York: Alfred A. Knopf.

Pauwels, Teun. 2011. "Measuring Populism: A Quantitative Text Analysis of Party Literature in Belgium." *Journal of Elections, Public Opinion & Parties* 21(1): 97–119.

Peterson, Geoffrey, and Wrighton, J. Mark. 1998. "Expressions of distrust: Third–party voting and cynicism in government."" *Political Behavior* 20(1): 17–34.

Pharr, Susan J, and Robert D Putnam. 2000. *Disaffected Democracies: What's Troubling the Trilateral Countries?*. Princeton, New Jersey: Princeton University Press.

Porro, Nicola, and Pippo Russo. 2000. "Berlusconi And Other Matters: The Era Of 'Football–Politics'." *Journal of Modern Italian Studies* 5(3): 348–371.

Przeworski, Adam and Teune, Henry. 1982. *The logic of comparative social inquiry*. Malabar, FL: Robert E. Krieger Publishing Co.

Quenette, Andrea Marie. 2013. "Measuring the cynicism epidemic: Improving conceptual and Operational definition of political cynicism." Ph. D. Diss., The Ohio State University.

Rapoport, Ronald, and Walter Stone. 1992. *Three's A Crowd*. Ann Arbor, MI: University of Michigan Press.

Reisinger, William M. 1995. "The renaissance of a rubric: Political culture as concept and theory." *International Journal of Public Opinion Research* 7(4): 328–352.

Roncarolo, Franca. 2005. "Campaigning And Governing: An Analysis Of Berlusconi's Rhetorical Leadership". *Modern Italy* 10(1): 75–93.

Rooduijn, Matthijs, and Teun Pauwels. 2011. "Measuring Populism: Comparing Two Methods of Content Analysis." *West European Politics* 34(6):

1272-1283.

Rosenstone, Steven J., Roy L. Behr, and Edward H. Lazarus. 1996. *Third Parties In America: Citizen Response To Major Party Failure*. Princeton, New Jersey: Princeton University Press.

Schedler, Andreas. 1996. "Anti-political-establishment parties." *Party politics* 2(3): 291-312.

Schedler, Andreas. 1997. *The end of politics? explorations into modern antipolitics*. New York: Palgrave Macmillan.

Scheufele, Dietram A., Matthew C. Nisbet, and Dominique Brossard. 2003. "Pathways to political participation? Religion, communication contexts, and mass media." *International Journal of Public Opinion Research* 15(3): 300-324.

Seligson, Mitchell A., and Julio F. Carrión. 2002. "Political Support, Political Skepticism, and Political Stability in New Democracies: An Empirical Examination of Mass Support for Coups d'Etat in Peru." *Comparative Political Studies* 35(1) 58-82.

Semino, Elena, and Michela Masci. 1996. "Politics Is Football: Metaphor In The Discourse Of Silvio Berlusconi In Italy." *Discourse & Society* 7(2): 243-269.

Shaw, Daron R. 1994. "Breaking the Rules: Ross Perot's 1992 Presidential Campaign." Paper presented at the annual meeting of the American Political Science Association in New York, USA.

Sifry, Micah L. 2013. *Spoiling for a fight: third-party politics in America*. Routledge.

Smith, Bruce Lannes. 1941. "Propaganda analysis and the science of democracy." *Public Opinion Quarterly* 5(2): 250-259.

Southwell, Priscilla Lewis. 2003. "The politics of alienation: Nonvoting and support for third-party candidates among 1830-year-olds." *The Social Science Journal* 40(1): 99-107.

Taggart, Paul A. 2000. *Populism*. Buckingham: Open University Press.

Taggart, Paul A. 2002. Populism and the pathology of representative politics. In *Democracies and the populist challenge*, 62-80. Palgrave Macmillan UK.

Taggart, Paul A., and Aleks Szczerbiak. 2004. "Contemporary Euroscepticism in the party systems of the European Union candidate states of Central and Eastern Europe." *European Journal of Political Research* 43(1): 1-27.

Torcal, Mariano, and Gerardo Maldonado. 2014. "Revisiting the Dark Side of Political Deliberation: The Effects of Media and Political Discussion on Political Interest." *Public Opinion Quarterly* 78(3): 679-706.

Turque, Bill. 1992. "Power Ploy: Howe Perot Got Back In." *Newsweek* (October 12). http://www.newsweek.com/power-plow-how-perot-got-back-199848 (accessed January 15, 2016)

Urbinati, Nadia. 1998. "Democracy and populism." *Constellations* 5(1): 110-124.

Valenzuela, Sebastián. 2011. "Materialism, postmaterialism and agenda-setting effects: The valuesissues consistency hypothesis." *International Journal of Public Opinion Research* 23(4): 437-463.

Van der Brug, Wouter, and Meindert Fennema. 2007. "Forum: Causes of Voting for the Radical Right." *International Journal of Public Opinion Research* 19: 474-487.

The Victoria Advocate. 1996. "Poll Shows Few Think Perot Can Win." (August 03) https://news.google.com/newspapers?nid=861&dat=19960803&id=WncKAAAAIBAJ&sjid=REsDAAAAIBAJ&pg=6061,417150&hl=ko (accessed January 15, 2016).

de Vreese, Claes H. 2005. "The Spiral Of Cynicism Reconsidered." *European Journal of Communication* 20(3): 283–301.

Wald, Kenneth D., and Michael B. Lupfer. 1978. "The presidential debate as a civics lesson." *Public Opinion Quarterly* 42(3): 342–353.

Ware, Alan. 2002. "The United States: Populism as Political Strategy" Mény, Yves, and Surel Yves eds. *Democracies And The Populist Challenge*. New York: Palgrave Macmillan.

Wattenberg, Martin P. 1990. *The Decline of American Political Parties, 1952–1988*. Cambridge, MA: Harvard University Press

Weyland, Kurt. 1999. "Neoliberal Populism in Latin America and Eastern Europe." Comparative Politics 31(4): 379–401.

Weyland, Kurt. 2001. "Clarifying a Contested Concept: Populism in the Study of Latin American Politics." *Comparative Politics* 34(1): 1–22.

Wilentz, Sean. 1993. "Pox Populi: Ross Perot and the Corruption of Populism." *New Republic* 9: 29–35.

Wilkins, Karin Gwinn. 1995. "Gender, news media exposure and political cynicism: Public opinion of Hong Kong's future transition." *International Journal of Public Opinion Research* 7(3): 253–269.

Zaller, John, and Mark Hunt. 1995. "The Rise and Fall of Candidate Perot: Unmediated vs. Mediated Politics– Part Ⅱ." *Political Communication* 12: 97–123.

〈각국의 포퓰리스트 참고문헌〉[15]

1) 영국의 나이젤 파라지

Adams, Tim. 2012. "Nigel Farage: I was never scared of being out on a limb." *The Guardian*. (July 21) https://web.archive.org/web/20121014080321/http://www.guardian.co.uk/politics/2012/jul/20/nigel-farage-ukip-leader-interview (accessed February 10, 2016).

Barnett, Ruth. 2010. "Nigel Farage Re-Elected UKIP Party Leader." *Sky News Online*. (November 5) https://web.archive.org/web/20121012180508/http://news.sky.com/story/817965/nigel-farage-re-elected-ukip-party-leader (accessed February 11, 2016)

BBC News. 2006. "Profile: Nigel Farage." (September 12) http://news.bbc.co.uk/2/hi/uk_news/politics/5338364.stm (accessed February 11, 2016)

BBC News. 2015. "Migrant crisis: Farage says EU 'mad' to accept so many." (September 9) http://www.bbc.com/news/uk-politics-34197707 (ac-

15 이 부분은 조교들이 연구한 것을 필자가 수정 보완했을 뿐 참고자료를 직접 본 것이 아니라 참고문헌을 별도로 작성했다.

cessed February 11, 2016)

European Parliament. "Nigel Farage." http://www.europarl.europa.eu/meps/en/4525/NIGEL_FARAGE_home.html (accessed February 09, 2016)

Goldsmith, Rosie. 2012. "Profile: Nigel Farage, UKIP leader." *BBC Radio 4*. (December 4) http://www.bbc.com/news/uk-politics-20543513 (accessed February 11, 2016)

Mason, Rowena. 2013. "Nigel Farage rows back on call to grant asylum to Syrian refugees." *The Guardian*. (December 30) http://www.theguardian.com/politics/2013/dec/30/nigel-farage-asylum-syrian-refugees-christians (accessed February 10, 2016).

2) 프랑스의 장-마리 르 펜

Fifield, Dominic. 2006. "We are, Frenchmen says Thuram, as Le Pen bemoans number of black players." *The Guardian*. (June 30) http://www.theguardian.com/football/2006/jun/30/worldcup2006.sport3 (accessed February 11, 2016).

Neslen, Arthur. 2014. "French National Front launches nationalist environmental movement." *The Guardian*. (December 18) http://www.theguardian.com/environment/2014/dec/18/french-national-front-launches-nationalist-environmental-movement (accessed February 11, 2016).

Nuttall, Tom. 2007. "Le Pen rides to Sarkozy's rescue? | Certain ideas of Europe." *The Economist*. (April 12) http://www.economist.com/blogs/certainideasofeurope/2007/04/le_pen_rides_to_sarkozys_rescu (accessed February 11, 2016).

3) 프랑스의 마린 르 펜

Against the right of foreigners to vote: Marine Le Pen's speech. 8 December 2011. Front National. http://www.frontnational.com/videos/contre-le-droit-de-vote-des-etrangers-discours-de-marine-le-pen/(Retrieved on 11 February 2016)

Marine Le Pen : mightier than her père?. 13 September 2010. The Independent (UK). http://www.independent.co.uk/news/world/europe/marine-le-pen-mightier-than-her-p-re-2077569.html(Retrieved on 11 February 2016)

Marine Le Pen: <No alliance with the UMP>. 30 October 2010. Le Figaro. http://www.lefigaro.fr/politique/2010/10/30/01002-20101030ARTFIG00466-marine-le-pen-il-n-y-aura-pas-d-alliance-avec-l-ump.php(Retrieved on 11 February 2016)

Marine Le Pen refuses the idea of an alliance with the UMP. 31 October 2010. Le Monde. http://www.lemonde.fr/politique/article/2010/10/31/marine-le-pen-refuse-l-idee-d-une-alliance-avec-l-ump_1433592_823448.html(Retrieved on 11 February 2016)

Speech at the <Summer days of Marine Le Pen>. 11 September 2011. Front National. http://www.frontnational.com/videos/11-septembre-acropolis-nice-%E2%80%93-discours-de-marine-le-pen-videos/(Retrieved on 11 February 2016)

Pognon, Olivier. 28 April 2008. *Marine Le Pen again distances herself from her father*. Le Figaro. http://www.lefigaro.fr/politique/2008/04/28/01002-20080428ARTFIG00356-marine-le-pen-reprend-ses-distances-avec-son-pere.php(Retrieved on 11 February 2016)

4) 이탈리아의 움베르토 보시

고대훈. 1996. *〈뉴스피플〉이탈리아 북부동맹 움베르토 보시黨首.* 『중앙일보』 (09월 17일). http://news.joins.com/article/3327614 (검색일: 2016.02.11.)

세르주 알리미 외. 2015. 『극우의 새로운 얼굴들』. 르몽드디플로마티크.

정병기. 2001. *이탈리아 정치적 지역주의의 생성과 북부동맹당의 변천*. 『한국정치학회보』 제34집제4호: 397-419.

연합뉴스. 2010. *伊 장관 "로마인은 돼지들" 막말 파문.* 2010. (09월 28일). http://news.naver.com/main/read.nhn?mode=LSD&mid=sec&sid1=100&oid=001&aid=0004675630 (검색일: 2016.02.11.)

Barraclough, Richard. "1998. Umberto Bossi: Charisma, personality and leadership." *Modern Italy* 3(2): 263-269.

Bonsaver, Guido. 1996. "Dialect, Culture, and Politics: The Northern League(s)" *Journal of the Institute of Romance Studies* Supplement 1: 97-107.

5) 오스트리아의 외르크 하이더

백강영. 2000. *[뉴스의 인물] 외르크 하이더: 오스트리아 극우 자유당 당수.* 『주간조선』 (03월호). http://monthly.chosun.com/client/news/viw.asp?ctcd=&nNewsNumb=200003100003 (검색일: 2016.02.11.)

최연구. 2000. *나치즘 살아나는가.* 『한겨레21』 (02월24일). http://legacy.h21.hani.co.kr/h21/data/L000214/1pas2e0d.html (검색일: 2016.02.11.)

Freeman, Heather B. 2002. "Austria: The 1999 Parliament Elections and the European Union Members' Sanctions" *Boston college International and Comparative Law Review* 25(1): 109-124.

Hockenos, Paul. 1995. "Jorg Haider" *World Policy Journal* 12(3): 75-80.

McBride, Patrizia. 2001. "Whose Community? Jorg Haider's Freedom Party,

Count Leinsdorf's Wisdom, and the Logic of the Political." *Modern Austrian Literature* 24(1/2): 37–51.

Peri, Anat. 2001. *Jorg Haider's Antisemitism*. Hebrew University of Jerusalem, Vidal Sassoon International Center for the Study of Antisemitism.

6) 핀란드의 티모 소이니

Finns Party picks newcomer as parliamentary chair. 3 February 2014. Yle Uutiset. http://yle.fi/uutiset/finns_party_picks_newcomer_as_parliamentary_chair/7066425(Retrieved on 11 February 2016)

Jackson, Patrick. 17 April 2011. *Profile: Finland's Timo Soini*. BBC News. http://www.bbc.com/news/world-europe-13111468(Retrieved on 11 February 2016)

Kolmen ässän humppa-seuraa hallitusohjelmavääntöä Smolnassa hetki hetkeltä. 8 May 2015. Yle Uutiset. http://yle.fi/uutiset/kolmen_assan_humppa__seuraa_hallitusohjelmavaantoa_smolnassa_hetki_hetkelta/7978517(Retrieved on 11 February 2016).

Soini nousi äänikuninkaaksi. 17 April 2011. Yle Uutiset. http://yle.fi/uutiset/soini_nousi_aanikuninkaaksi/2522915(Retrieved on 11 February 2016)

Timo Soini: Naispappeus ajoi minut katolilaiseksi. 24 September 2009. Ilta-Sanomat. http://www.iltasanomat.fi/kotimaa/art-1288335028268.html(Retrieved on 11 February 2016)

Timo Soini sai kutsun Obaman rukousaamiaiselle–"Voi saada uutta ideaakin". 24 January 2014. Ilta-Sanomat. http://www.iltasanomat.fi/kotimaa/art-1288645964989.html(Retrieved on 11 February 2016)

7) 호주의 폴린 한슨

Ahluwalia, Pal, and Greg McCarthy. 1998. *'Political Correctness': Pauline Hanson and the Construction of Australian Identity*. Australian journal of public administration 57.3: 79-85.

Deutchman, Iva Ellen. 2000. *Pauline Hanson and the rise and fall of the radical right in Australia*. Patterns of Prejudice 34.1: 49-62.

Deutchman, Iva Ellen, and Anne Ellison. 1999. *A star is born: The roller coaster ride of Pauline Hanson in the news*. Media, Culture & Society 21.1: 33-50.

Jackman, Simon. 1998. *Pauline Hanson, the mainstream, and political elites: the place of race in Australian political ideology*. Australian Journal of Political Science 33.2: 167-186.

Leser, David. 17 September 2014. *Pauline Hanson's bitter harvest*. Sydney Morning Herald Good Weekend. http://www.smh.com.au/good-weekend/gw-classics/pauline-hansons-bitter-harvest-20140828-109dbf.html (Retrieved on 11 February 2016).

Nile, Richard. 1999. *Editorial: The Pauline Hanson one person party*. 1-9.

One Nation 공식홈페이지 http://www.onenation.com.au/history (Retrieved on 11 February 2016).

Rutherford, Jennifer. 2001. *One love too many: the undoing of Pauline Hanson*. Australian Journal of Politics & History 47.2: 192-208.

8) 캐나다의 프레스톤 매닝

Bergman, Andrew J.. 12 September 2012. *My Teenage Crush on Preston Manning*. Ballast. http://ballastmag.com/2012/09/my-teenage-crush-on-preston-manning/ (Retrieved on 10 February 2016).

The Editors of Encyclopædia Britannica. Last updated in 8 January 2016. *Preston Manning*. http://www.britannica.com/biography/Preston-Manning (Retrieved on 9 February 2016).

Manning Centre for Building Democracy http://www.manningcentre.ca/ (Retrieved on 11 February 2016).

The Starphoenix (Saskatoon). 8 July 2006. *Preston Manning plays green card*. Canada.com. http://www.canada.com/saskatoonstarphoenix/news/story.html?id=a5700803-8d41-438c-95e6-7cd025eb5fa4&p=2 (Retrieved on 11 February 2016).

안철수와 로스 페로의 부상과 추락

포퓰리즘의 정치학

발행일 1쇄 2016년 4월 15일
3쇄 2017년 3월 20일

지은이 조기숙

펴낸이 여국동

펴낸곳 도서출판 인간사랑

출판등록 1983. 1. 26. 제일-3호

주소 경기도 고양시 일산동구 백석로 108번길 60-5 2층

물류센타 경기도 고양시 일산동구 문원길 13-34(문봉동)

전화 031)901-8144(대표) | 031)907-2003(영업부)

팩스 031)905-5815

전자우편 igsr@naver.com

페이스북 http://www.facebook.com/igsrpub

블로그 http://blog.naver.com/igsr

인쇄 인성인쇄 **출력** 현대미디어 **종이** 세원지업사

ISBN 978-89-7418-346-2 03340

이 도서의 국립중앙도서관 출판시도서목록(CIP)은 서지정보유통지원시스템 홈페이지(http://seoji.nl.go.kr)와
국가자료공동목록시스템(http://www.nl.go.kr/kolisnet)에서 이용하실 수 있습니다.(CIP제어번호: CIPCIP2016008270)